Arbeitsbuch FILM

Ines Müller-Hansen

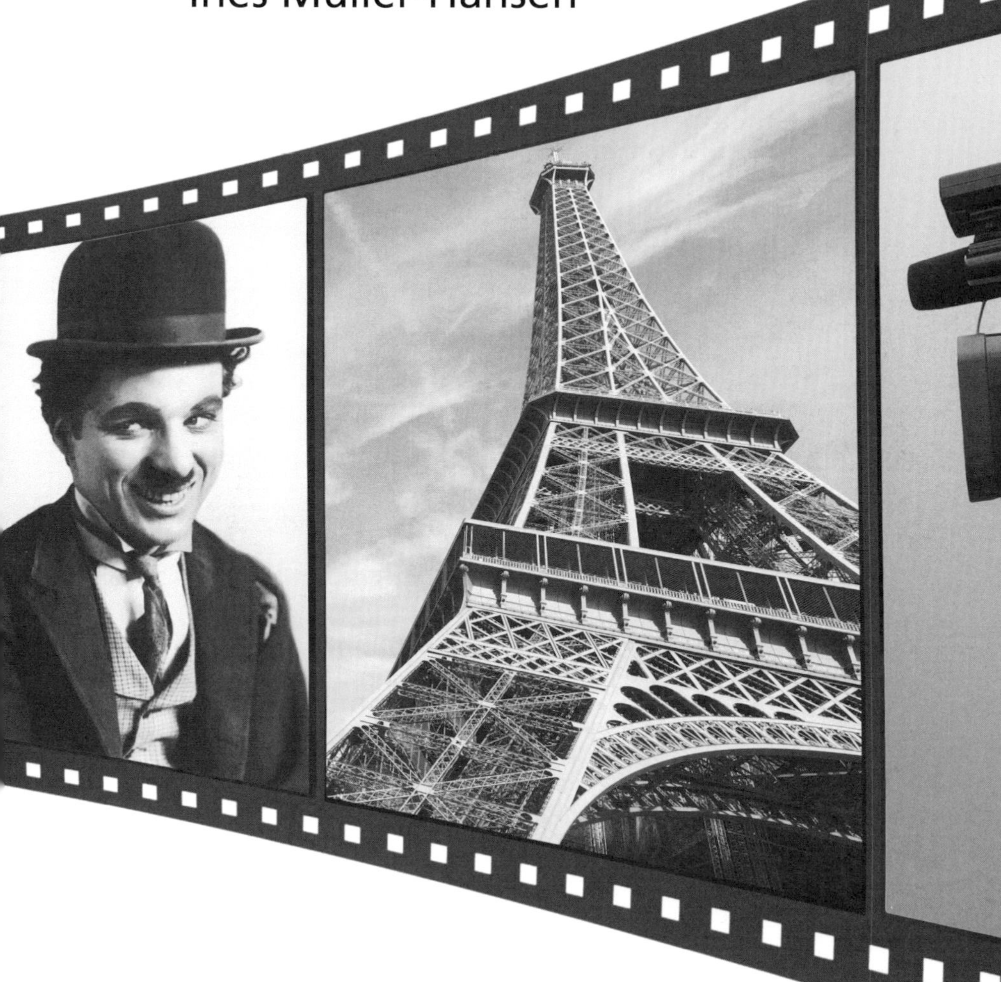

Kopiervorlagen zur Geschichte, Analyse und Produktion von Filmen in der Sekundarstufe

Verlag an der Ruhr

Impressum

Titel
Das große Arbeitsbuch Film
Kopiervorlagen zur Geschichte, Analyse und Produktion von Filmen in der Sekundarstufe

Autorin
Ines Müller-Hansen

Titelbildmotive
Eiffelturm: © pedrosala – Fotolia.com;
Filmstreifen: © bxbennyartist – Fotolia.com;
Filmkamera: © arogant – Fotolia.com

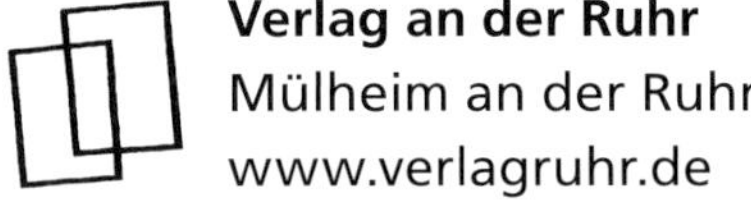
Verlag an der Ruhr
Mülheim an der Ruhr
www.verlagruhr.de

Geeignet für die Klassen 8–13

Unser Beitrag zum Umweltschutz:
Wir sind seit 2008 ein ÖKOPROFIT®-Betrieb und setzen uns damit aktiv für den Umwelt- schutz ein. Das ÖKOPROFIT®-Projekt unterstützt Betriebe dabei, die Umwelt durch nachhaltiges Wirtschaften zu entlasten. Unsere Produkte sind grundsätzlich auf chlorfrei gebleichtes und nach Umweltschutzstandards zertifiziertes Papier gedruckt.

ISBN 978-3-8346-2513-7

Druck: Athesia Druck GmbH, Bozen, IT

Inhaltsverzeichnis

Einleitung

Unsere Welt ist von (bewegten) Bildern dominiert – mit der Folge, dass Weltwissen, Informationen, aber auch Urteile und Meinungen zu großen Teilen visuell vermittelt werden. Das betrifft nicht nur journalistische, nicht fiktionale, sondern ebenso fiktionale Filme, also Spielfilme und Fernsehserien. Auch hier werden, oft auf der Metaebene, Informationen, z. B. über andere Kulturen, aber auch Meinungen und Urteile in der Regel über die Protagonisten[1] (Helden und Antihelden) des Films an die Zuschauer weitergegeben. Dabei spielen nicht nur die inhaltlichen Fragestellungen eine Rolle, sondern auch die Art und Weise, wie der Film gestaltet ist.

Grund genug, sich gerade im pädagogischen Kontext, vor allem in der Schule, mit dem Film zu beschäftigen, damit die jungen Leute sich die Kompetenzen erarbeiten können, die es ihnen ermöglichen, kritisch dem Film zu begegnen. Diesem **Arbeitsbuch** liegt dabei die Idee zugrunde, dass **Filmanalyse** im Wesentlichen handlungsorientiert geschehen muss, weil beim Film Gestaltung und Inhalt nicht voneinander zu trennen sind und gerade die gestalterische Komponente nachhaltig vor allem im eigenen Tun durchdrungen werden kann.

Die einzelnen **Kapitel** des Buches bauen nicht aufeinander auf, wenngleich natürlich oft Bezüge und Querverbindungen untereinander herzustellen sind. Auch innerhalb der einzelnen Kapitel sind die jeweiligen Unterrichtsvorhaben nicht kumulativ aufgebaut, um Ihnen die Gelegenheit zu geben, auch einzelne Aspekte unabhängig von anderen behandeln zu können: Jede Einheit ist in sich geschlossen. Allerdings sind die Kapitel schon so strukturiert, dass sie am besten am Stück thematisiert werden, sodass die Schüler einen umfassenden Überblick über einen Bereich gewinnen.

Die einzelnen **Einheiten** haben einen ähnlichen Aufbau. Zunächst sind sie als Unterrichtsreihen für die Schule konzipiert und zwischen vier und acht Stunden lang. In den **Lehrerhinweisen** werden die Ziele der Unterrichtsstunden sowie Methoden und Verfahren genannt, mit denen die Schüler ein bestimmtes Thema erarbeiten sollen. Zudem gibt es Hinweise auf die zu verwendenden Materialien. Es folgt die Ablaufbeschreibung der einzelnen Unterrichtsstunden, in die zum Teil auch wichtige Hintergrundinformationen für die Lehrenden integriert sind. Differenzierungsvorschläge runden die Beschreibungen ab.
In der Regel beginnt jede Einheit mit einem **Informationsblatt** über das Thema, dessen Inhalt sich die Lernenden erarbeiten müssen, um im weiteren Verlauf der Unterrichtsreihe die meist **praktischen Aufgaben** umsetzen zu können. Wichtig ist dabei, dass die Aufgaben oft als Team- oder Gruppenarbeit umgesetzt werden, sodass der Lehrende sich dabei vor allem als Lernorganisator und Coach verstehen kann.

Bei den **Filmbeispielen** sind vor allem deutsche Filme berücksichtigt worden, auch um den Lernenden Produktionen nahezubringen, die jenseits der großen internationalen Produktionsstätten entstanden sind. Darüber hinaus sind diese Filme in der Regel sowohl auf dem Markt zu kaufen (Elektronikmärkte, Buchhandel, Internetshops) als auch in Medienzentren zu leihen.

Wenn man sich mit Filmbildung beschäftigt, ist der **Einsatz von Technik** nicht zu vermeiden. Es wurde aber darauf geachtet, dass diese niedrigschwellig zum Einsatz kommt. So ist z. B. die digitale Fotografie oft ein geeignetes Mittel, um bildgestalterische Fragestellungen auch dann praktisch zu bearbeiten, wenn keine Videokameras zur Verfügung stehen. Auch werden Computer und Internet an verschiedenen Stellen eingesetzt. Hierbei müssen Sie bedenken, dass – gerade wenn eine ganze Klasse an mehreren Rechnern arbeiten muss – ein längerer Planungsvorlauf notwendig ist.

Im Rahmen der vorgeschlagenen Aufgaben und Unterrichtsreihen ist eine **Leistungsbewertung** grundsätzlich auf zweierlei Arten möglich.
Zum einen bieten viele der Arbeitsblätter die Möglichkeit, auf dem „normalen" Weg der Korrektur durch Lehrende Hinweise für eine

[1] Aus Gründen der besseren Lesbarkeit haben wir in diesem Buch durchgehend die männliche Form verwendet. Natürlich sind damit auch immer Frauen und Mädchen gemeint, also Lehrerinnen, Schülerinnen etc.

Leistungsbewertung zu bekommen. Auch können Arbeitsblätter zusammengefasst den Lernenden als Test vorgelegt werden. Damit werden aber viele Abläufe der Unterrichtsreihen, die oftmals kooperative Lernformen intendieren, erschwert. Zum anderen bietet die hier vorgeschlagene Auseinandersetzung mit Film vor allem die Möglichkeit, dass eine Leistungsbewertung den Lernenden in seinen Aneignungsprozessen fördert und ihn motiviert. Dazu ist es nötig, dass eine Benotung transparent ist und die Individualität berücksichtigt. Außerdem kann nur das bewertet werden, was auch Gegenstand des Unterrichts ist.
Die Aufgaben enthalten häufig Methoden und Verfahren, die einen handlungs- und praxisorientierten Zugang zum Gegenstand ermöglichen und nur in Kleingruppen umzusetzen sind. Das wiederum legt nahe, die **Selbstbewertung** mit einfließen zu lassen. Sie kann allerdings nur „nach vorher vereinbarten und von allen Beteiligten akzeptierten Bewertungsbögen mit externer Bestätigung durch die Lehrerin/den Lehrer“[2] erfolgen.

Grundsätzlich ist zu klären:
- Was soll als Leistung bewertet werden?
- Wie soll Leistung erfasst werden?
- Welche Instrumentarien stehen zur Verfügung?
- Wer fordert die Leistung ein?
- Gilt sie für alle oder gibt es Differenzierungen?
- Wie wird die Leistungsbewertung dokumentiert?
- Wie wird eine Feedback-Kultur etabliert?

Herold/Landherr[3] schlagen für die Arbeit mit einem hohen Anteil an selbstorganisierten Lernprozessen – und darum handelt es bei vielen der in diesem Buch dargestellten Aufgaben und Unterrichtsreihen – ausgehend von der Punktzahl 100, folgendes Raster vor:

66 Punkte (2/3)	34 Punkte (1/3)	
Fachkompetenz	Teamfähigkeit	Präsentation
Klassenarbeit, Test, Kolloquium	Prozessbewertung Selbstbewertung	Ergebnisbewertung Fremdbewertung
	Individuell 10 P	*Individuell 10 P*
	Gruppe 7 P	*Gruppe 7 P*

Für die Erfassung der einzelnen Bereiche sind Bewertungs- und Protokollbögen sinnvoll, die der Lehrende einbringt und diese aber vorher mit den Lernenden bespricht.

Für Lehrende, die sich intensiver mit dem Thema Filmbildung beschäftigen wollen, ist im Anhang eine ausführliche **Literaturliste** und **Liste der behandelten Filme** beigefügt.

Ich wünsche Ihnen nun viel Spaß bei der Arbeit mit Filmen im Unterricht!

Ines Müller-Hansen

[2] **Martin Herold, Birgit Landherr:** SOL. Selbstorganisiertes Lernen. Ein systemischer Ansatz für Unterricht. Neue Lernkultur. Neue Formen der Leistungsbeurteilung. Lernen in Lernfeldern. In: Ministerium für Kultus, Jugend und Sport Baden-Württemberg (Hrsg). Stuttgart, S. 19

[3] ebd., S. 20

Kamerastil

Bildkomposition

Länge der Unterrichtseinheit

- 3–4 Unterrichtsstunden

Ziele der Unterrichtsstunden

- Die Lernenden beschreiben die Bildebenen einzelner Filmbilder.
- Die Lernenden erläutern die Bedeutung der Blicklenkung in den Filmbildern.
- Die Lernenden analysieren den formalen Aufbau einzelner Filmbilder und beschreiben deren Aussage und Wirkung.

Methoden und Verfahren

- Partner- und Gruppenarbeit
- digitale Fotografie
- Arbeit mit Filmstills

Material

- *Stunden 1+2:* Informationsblatt, Arbeitsblatt 1
- *Stunden 3+4:* Arbeitsblatt 2, 4–5 digitale Fotokameras, 4–5 Speicherkarten, 1 Überspielkabel, 1 Fernseher/PC oder Beamer

Ablauf der Unterrichtsstunden

Stunde 1+2
Die Lernenden lesen das Informationsblatt zur Bildkomposition. Sie tauschen sich dann mit ihrem Nachbarn aus und bearbeiten anschließend gemeinsam die Aufgabe von Arbeitsblatt 1. Als Hilfestellung für die Bearbeitung dient eine Tabelle, die noch einmal die wesentlichen bildkompositorischen Gestaltungsmittel auflistet.

Stunden 3+4
In diesen beiden Stunden wenden die Lernenden das erworbene Wissen an, indem sie vorgegebene Situationen zur Bildkomposition fotografisch umsetzen. Wichtig dabei ist, die Jugendlichen darauf hinzuweisen, dass sie natürlich alle Gestaltungselemente beachten müssen, auch wenn sie auf eines besonders Wert legen sollen. Nur so können sie ein insgesamt „harmonisches" Bild produzieren. Dazu gehört auch, dass die Situation inszeniert wird, also z. B. nicht zufällig Menschen durchs Bild laufen oder Rucksäcke o. Ä. in einer Ecke liegen (es sei denn, das ist beabsichtigt).

Differenzierung

- Die erste Aufgabe ist von höheren Jahrgangsstufen möglicherweise auch in einer Stunde zu lösen.
- Bei der Partnerarbeit kann ein schwächerer mit einem stärkeren Lernenden zusammenarbeiten.
- In der Doppelstunde müssen nicht alle Aufgaben von jeder Gruppe bearbeitet werden.

Bildkomposition 1/2

Die einzelnen Bilder eines Films werden nicht zufällig aufgenommen, sondern immer mit einer bestimmten Absicht gestaltet. Fragen sind dabei z. B.:

- Wer und welche Dinge sollen überhaupt im Bild zu sehen sein?
- Auf welche Dinge soll der Zuschauer besonders achten?

Man spricht davon, dass die Bilder **komponiert werden**, um mit ihnen die Aufmerksamkeit des Zuschauers zu gewinnen. Bei der Gestaltung von Bildern wird besonders auf die **Blicklenkung**, die **Bildebenen** und die sogenannte **Drittelregelung** geachtet.

Blicklenkung

Innerhalb eines Bildes wird das Auge des Betrachters von Linien stark geführt. Und insbesondere die Richtungen der Linien haben direkte Auswirkungen auf die Deutung des Bildes durch den Betrachter. Wenn wir eine diagonale Linie im Bild betrachten, beispielsweise eine Berglinie, die von links unten nach rechts oben führt, nehmen wir die Linie als **aufsteigend** wahr.

Hände weg von Mississippi

Auch ist für die Wahrnehmung wichtig, wo eine Person oder ein Gegenstand innerhalb des Bildes positioniert wird. Unsere Bildleserichtung ist u. a. dafür verantwortlich, dass oftmals die wichtigste Person oder der wichtigste Gegenstand, der die Aufmerksamkeit des Betrachters wecken soll, **links oben** innerhalb des Bildes positioniert wird.

Die Welle

Eine weitere wichtige Position ist auch auf der rechten, senkrechten Linie. Der Betrachter soll dann dort mit seinem Blick „hängen" bleiben.

Hände weg von Mississippi

Bildkomposition 2/2

Bildebenen

Wichtig bei der Wahrnehmung von Bildern ist auch, ob Personen oder Gegenstände vorn, in der Mitte oder hinten im Bild zu sehen sind, also auf welcher **Bildebene** sie sich befinden. So kann durch geschickte Anordnung auch ein räumlicher Eindruck entstehen. Oft wird das Hauptmotiv in die Mitte (**Bildmittelgrund**) platziert.

Krabat

Im **Hintergrund** wird dann die Umgebung des Hauptmotivs gezeigt. Im Vordergrund sind oftmals weitere Gegenstände oder „unscharfe" Personen zu sehen, damit die räumliche Wirkung verstärkt wird. Die entsteht besonders dann, wenn sich die drei Bildebenen voneinander unterscheiden.

Drittelregelung

Manche Bilder empfinden wir als harmonisch, andere als unharmonisch und langweilig. Das hängt meistens davon ab, wie Personen und Objekte auf der **Bildfläche angeordnet** sind. Mithilfe der sogenannten **Drittelregel** (eine Vereinfachung des **Goldenen Schnittes**) kann man die für die menschliche Wahrnehmung optimale Anordnung finden: Das Bild wird mit zwei senkrechten und zwei waagerechten Linien in jeweils drei gleich große Bereiche eingeteilt.

Hände weg von Mississippi

So entstehen vier Schnittpunkte, auf denen häufig die wichtigsten Personen oder Objekte im Bild angeordnet werden. Im Film geschieht das oft abwechselnd, Einstellung für Einstellung.
Wichtig ist auch, dass eine Person, die von links nach rechts guckt, links von der Mitte im Bild steht, guckt sie andersherum, dann steht sie rechts von der Mitte, jeweils auf den senkrechten Linien. So hat sie auf jeder Bildseite genügend **(Blick- und Bild-)Raum**. Die obere, waagerechte Linie wird auch als **Augenlinie** bezeichnet, weil dort die Augen der abgebildeten Person angeordnet werden.

Krabat

Auch der Horizont wird auf den waagerechten Linien angeordnet (dann heißt die Linie **Horizontlinie**). Er kann entweder „hoch" auf der oberen oder „tief" auf der unteren, waagerechten Linie platziert werden (s. u.), mit unterschiedlichen Wirkungen. Sind Bildelemente nur in der Mitte des Bildes angeordnet, wirken sie oft langweilig, vor allem in aufeinanderfolgenden Bildern.

Hände weg von Mississippi

Horizontlinie

Bildkomposition

Aufgaben

1. Lies dir das Informationsblatt zur Bildkomposition aufmerksam durch. Am besten machst du dir zu jedem der drei wesentlichen Gestaltungsmittel Notizen. Wenn du fertig bist, tausche dich mit deinem Nachbarn aus und kläre mögliche Fragen.
2. Setze dich nun zusammen mit deinem Partner mit dem abgebildeten Filmstill aus dem Film „Hände weg von Mississippi" (D 2008, Detlev Buck) auseinander. Macht euch Gedanken darüber, inwieweit die drei in dem Informationsblatt beschriebenen Gestaltungselemente zur Bildkomposition beachtet worden sind und welche Wirkung sie möglicherweise auf den Zuschauer haben. Zur Verdeutlichung des Bildaufbaus könnt ihr Linien ins Bild einzeichnen.
3. Notiert eure Ergebnisse in einer Tabelle und besprecht sie anschließend in der Klasse.

Gestaltungselemente	ja	nein	Beschreibung	Wirkung
Drittelregelung				
Horizontlinie				
Bildebenen				
Augenlinie				
Blicklenkung				
harmonisch				

Bildkomposition

Die folgenden Motive sollt ihr als Gruppe mithilfe von Fotografien gestalterisch umsetzen. Dabei geht es immer um die gesamte Bildkomposition, d. h., wenn ihr bei einer Situation auf ein bestimmtes Gestaltungselement besonders achten sollt, müssen natürlich auch die anderen mit bedacht werden. Produziert zu jeder Aufgabe zwei Bilder.

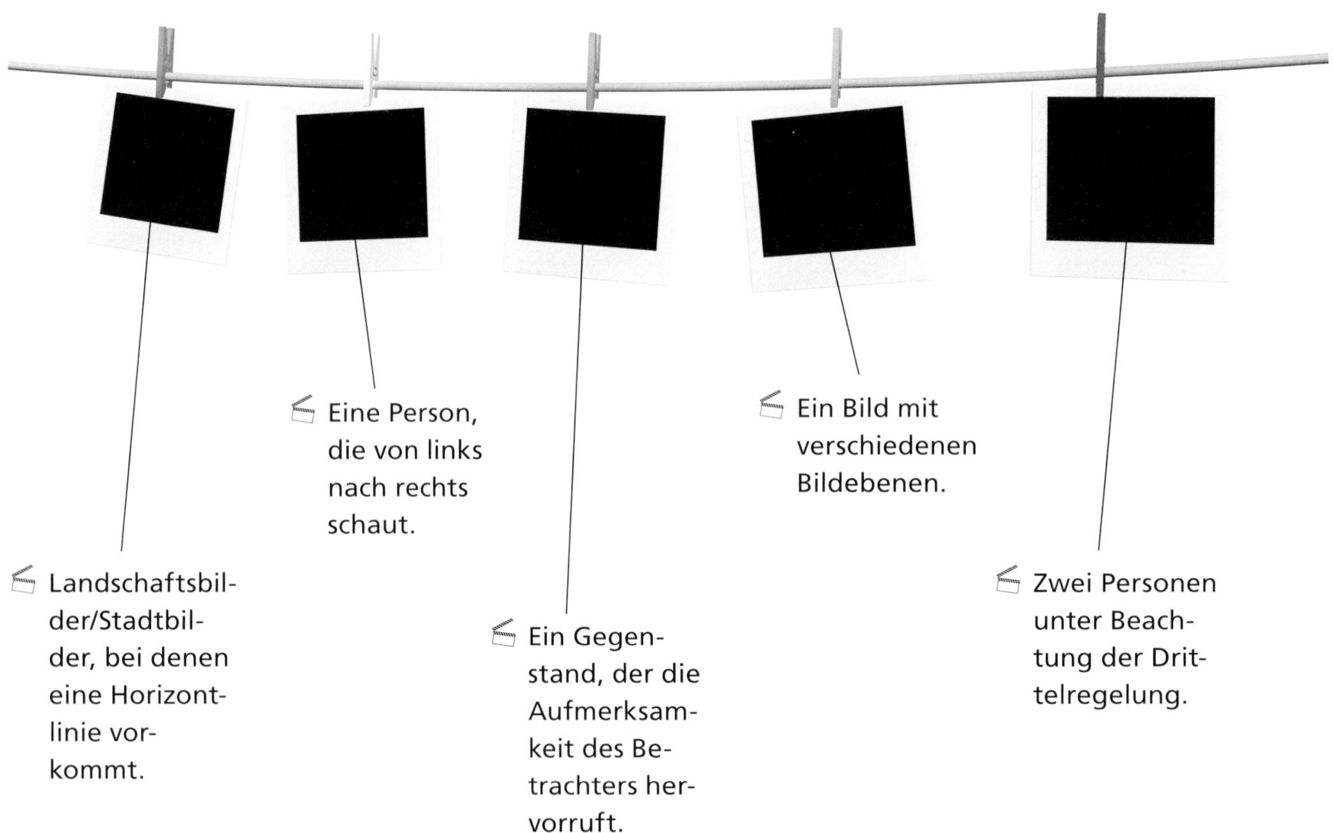

- Landschaftsbilder/Stadtbilder, bei denen eine Horizontlinie vorkommt.
- Eine Person, die von links nach rechts schaut.
- Ein Gegenstand, der die Aufmerksamkeit des Betrachters hervorruft.
- Ein Bild mit verschiedenen Bildebenen.
- Zwei Personen unter Beachtung der Drittelregelung.

Aufgaben

1. **Überlegt in der Gruppe, wie ihr welches Bild umsetzen wollt. Macht euch eine Skizze von dem Foto.**
2. **Produziert dann eure Fotos. Wechselt euch beim Fotografieren ab. Macht ruhig mehrere Aufnahmen von jedem Motiv, entscheidet euch dann aber letztlich für die zwei gelungensten. Die anderen könnt ihr sofort löschen.**

   Achtung: Immer im Querformat fotografieren!
3. **Wählt für die Präsentation in der Klasse zwei aus den zehn Fotos aus, die ihr zeigen wollt. Begründet die Auswahl.**
4. **Präsentiert euch gegenseitig die ausgewählten Fotos. Gebt Rückmeldungen dazu, was ihr besonders gelungen findet und wo es noch Verbesserungen geben könnte.**

Einstellungsgrößen

Länge der Unterrichtseinheit

- 4 Unterrichtsstunden

Ziele der Unterrichtsstunden

- Die Lernenden unterscheiden Einstellungsgrößen hinsichtlich ihrer Wirkung.
- Die Lernenden erläutern die Bedeutung der verschiedenen Einstellungsgrößen für Inhalt und Personencharakterisierung.
- Die Lernenden können die Einstellungsgrößen zielgerichtet anwenden.

Methoden und Verfahren

- Think-Pair-Share-Methode
- Arbeit mit Filmstills
- digitale Fotografie
- Storyboarding

Material

- *Stunde 1:* Infoblätter, Arbeitsblatt 1, Filmstills
- *Stunden 2+3:* Arbeitsblatt 2, 4–5 digitale Fotokameras, 4–5 Speicherkarten
- *Stunde 4:* 1 Überspielkabel, 1 Fernseher oder Beamer, Arbeitsblatt 5 (Kriterienkatalog)

Ablauf der Unterrichtsstunden

Stunde 1
Die Klasse wird in Arbeitsgruppen zu je vier Lernenden aufgeteilt, die jeweils ein anderes Informationsblatt zu den Einstellungsgrößen bekommen. Zunächst bearbeiten sie in Einzelarbeit ihr Informationsblatt (Think-Phase). In der Pair-Phase informieren sich zwei Lernende über ihre jeweiligen Inhalte. In der folgenden Share-Phase werden die Inhalte und Unterschiede mit den beiden anderen Lernenden ausgetauscht.
Anhand eines Arbeitsblattes mit verschiedenen Einstellungsgrößen wenden die Lernenden nun ihr erworbenes Wissen an. Zu zweit sollen sie sich Gedanken darüber machen, was der Regisseur damit erreichen wollte. Die Arbeitsergebnisse werden dann der gesamten Lerngruppe präsentiert.

Stunden 2+3
Mithilfe einer vorgegebenen Geschichte sollen die Lernenden die Funktion und die Bedeutung der verschiedenen Einstellungsgrößen anwenden. Zunächst lesen sie sich das Arbeitsblatt durch und besprechen, welche Aufnahmen sie in welcher Einstellungsgröße machen. Dazu notieren sie sich kurze Stichpunkte. Anschließend entscheiden sie, wer spielt, wer fotografiert und wer Regie führt. Wichtig ist der Hinweis, dass die Aufnahmen immer im Querformat erfolgen müssen.

Stunde 4
In dieser Stunde präsentieren die Lernenden ihre Geschichten und erläutern, warum sie die jeweilige Einstellungsgröße genommen haben. Mithilfe eines Arbeitsblattes bewerten sie die Geschichten der anderen.

Differenzierung

- Bei der Gruppen- und Partnerarbeit sollten stärkere mit schwächeren Lernenden zusammenarbeiten.

Einstellungsgrößen

Totale und Halbtotale

Die **Totale** ist die **Einstellungsgröße**, die am meisten von der Umgebung bzw. der Landschaft zeigt. Sie dient zur **Orientierung** über Zeit und Raum und wird häufig am Filmanfang gezeigt. In der Totalen kann man viele verschiedene Details **gleichzeitig** in einem Bild sehen und mit dem Blick mal hier und mal dort hinschauen. Die Zeit dazu hat man, weil die Totale so lange gezeigt wird, bis der Zuschauer die wichtigsten Dinge gesehen hat. Wenn Personen zu sehen sind, dann kann man sie meist nicht richtig erkennen. Das ist bei der Totalen auch nicht so wichtig, vielmehr kann eine Totale zeigen, ob ein Mensch einsam auf einem großen Platz oder inmitten einer Menschenmenge in einer Fußgängerzone unterwegs ist. Häufig wirkt die Totale auf den Zuschauer beruhigend, weil er einen **Überblick auf das Geschehen hat**, das er aus einer „sicheren" Entfernung betrachten kann. Die **Halbtotale** ist schon **näher am Geschehen**, Personen werden wichtiger und man kann oft auch die Umgebung erkennen, in der die Personen sich aufhalten. Auch die Halbtotale ist eine Einstellungsgröße mit **einführendem Charakter**.

Halbtotale; Hände weg von Mississippi

1 Kamerastil Informationsblatt 1

Einstellungsgrößen

Halbnahe und Amerikanische

Die **Halbnahe** richtet den Blick schon stärker auf die Personen, sie stehen im Vordergrund. Im Bild sind die Personen vom Fuß bis zum Kopf zu sehen und der Hintergrund spielt eine kleinere Rolle. Die **Amerikanische** zeigt Personen vom Oberschenkel an aufwärts bis zum Kopf. Sie wird häufig verwendet, um zwei Personen zu zeigen, die sich bei einem Gespräch oder Treffen gegenüberstehen und unterhalten. Der Name kommt übrigens aus den Westernfilmen. Dort werden ja oft Duellsituationen gezeigt, bei denen sich zwei Cowboys gegenüberstehen. Und da man als Zuschauer gleichzeitig den Gesichtsausdruck sehen will und wer als Erster die Pistole zieht, werden in diesem Bildausschnitt die Cowboys bis unterhalb der Hüften gezeigt, bis dorthin, wo ihre Colts sitzen.

In der Halbnahen und Amerikanischen können auch Größenverhältnisse geklärt werden. Auch wenn der Bildhintergrund und die Umgebung in den Hintergrund rücken, so sind sie dennoch gut erkennbar und spielen sind deshalb bei der Wahl dieses Bildausschnittes eine wichtige Rolle.

Halbnahe; Hände weg von Mississippi

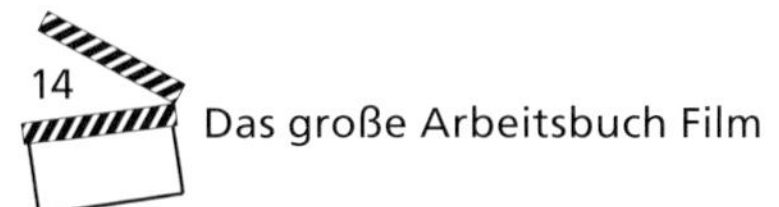

14 Das große Arbeitsbuch Film
© Verlag an der Ruhr | Autorin: Ines Müller-Hansen | ISBN 978-3-8346-2513-7 | www.verlagruhr.de

Einstellungsgrößen

Nahaufnahme

Die **Nahaufnahme** zeigt den Kopf und den Oberkörper von Personen **bis zur Brust**. Man spricht auch von einer Brustbildaufnahme. In der Naheinstellung verlieren der Bildhintergrund und die Umgebung der Personen an Bedeutung. Zudem wird der Bildausschnitt kleiner (also man sieht im Bild nicht mehr so viele verschiedene Dinge). Dadurch wird der **Blick des Zuschauers** auf die Personen vor der Kamera gelenkt. In Filmen werden die Darsteller oft durch eine Nahaufnahme **vorgestellt**. Man kann sich viel schneller mit den Personen identifizieren, als wenn man sie nur in weiter Ferne sehen würde. Außerdem ermöglicht die Naheinstellung dem Zuschauer, den **Gesichtsausdruck** der gezeigten Personen zu erkennen. Man sieht, ob jemand traurig, ängstlich oder glücklich ist. Oft wird die Nahaufnahme auch für **Interviewsituationen** genutzt, damit sich der Zuschauer ganz auf den Sprecher und das, was er erzählt, konzentrieren kann. Die Naheinstellung bewirkt, dass der Zuschauer **ganz dicht am Geschehen und bei den Darstellern** ist.

Nahaufnahme; Krabat

 Kamerastil

Informationsblatt 2

Einstellungsgrößen

Großaufnahme und Detail

Die Großaufnahme zeigt bei Personen das Gesicht **vom Haaransatz bis zum Kinn**. Oft werden Großaufnahmen gezeigt, damit die Zuschauer den **Gesichtsausdruck** der Darsteller erkennen können. Dabei spielen insbesondere die Gefühle, wie Freude, Angst oder Wut, eine Rolle. Außerdem dient die Großaufnahme dazu, die **Gedanken der Darsteller in Bilder** umzusetzen. Wenn Gegenstände in Großaufnahme gezeigt werden, dann fast immer **bildfüllend**, d. h. dass sie den gesamten Bildraum ausfüllen und nichts anderes mehr im Bild zu sehen ist.

Die Detailaufnahme zeigt einen **kleinen Ausschnitt** eines Gegenstands oder eines Menschen wie die Augen oder den Mund.

Wenn Groß- oder Detailaufnahmen eingesetzt werden, dann bekommen die Personen oder Gegenstände eine **besondere Bedeutung**. Der Blick des Zuschauers wird nämlich ganz gezielt auf das Dargestellte gelenkt. Der Zuschauer hat keine Möglichkeit mehr, selbst zu entscheiden, was er sich im Bild anschaut. Damit diese besondere Wirkung erhalten bleibt, sollten die Groß- und Detailaufnahme nur ganz **gezielt angewendet** werden.

Großaufnahme; Goethe

© Verlag an der Ruhr | Autorin: Ines Müller-Hansen | ISBN 978-3-8346-2513-7 | www.verlagruhr.de

Das große Arbeitsbuch Film  15

Einstellungsgröße

Aufgaben

1. **Schaut euch zu zweit die unten aufgeführten Filmstills aus dem Film „Die Welle“ (D 2008, Dennis Gansel) an. Überlegt, warum der Regisseur wohl diese Einstellungsgröße gewählt hat und was er damit erreichen will.**

2. **Notiert anschließend eure Gedanken zu den Bildern. Benennt zunächst die Einstellungsgröße.**

3. **Die folgende Geschichte sollt ihr mithilfe von verschiedenen Einstellungsgrößen erzählen.**

Ein Schüler sitzt am Tisch und schreibt einem Mitschüler eine SMS. Der Mitschüler empfängt die Nachricht. Nachdem er sie gelesen hat, kann er nur mit Mühe ein Lachen unterdrücken.

   a) **Lest euch die kurze Handlung im Kasten aufmerksam durch.**

   b) **Diskutiert in der Gruppe, welche Einstellungsgrößen für welche Situationen im Text geeignet sind (ihr könnt wählen aus Totale, Amerikanisch, Nah, Groß, Detail).**

   c) **Notiert in Stichworten, welche Bilder ihr in welcher Einstellungsgröße fotografieren wollt.**

   d) **Legt fest, wer die Schauspieler sind, wer fotografiert und wer die Arbeit organisiert. Die letzten beiden Tätigkeiten kann man auch gut zu zweit machen.**

   e) **Fotografiert mit der digitalen Fotokamera sechs Fotos mit verschiedenen Einstellungsgrößen.**

Achtung: Achtet darauf, immer nur im Querformat und in der richtigen Reihenfolge zu fotografieren!

Einstellungsgröße

Aufgaben

1. **Lest euch die Kriterien zur Beurteilung der Fotogeschichten auf dem Arbeitsblatt aufmerksam durch. Möchtet ihr den Kriterienkatalog ergänzen? Dann tragt eure Kriterien in die leeren Zeilen ein.**
2. **Diskutiert in eurer Gruppe, wie ihr die präsentierte Fotogeschichte beurteilt, und füllt pro Gruppe den Kriterienkatalog aus.**

   In jeder Gruppe darf nur ein Bogen pro Fotogeschichte ausgefüllt werden!

Kriterienkatalog

Fotogeschichte: ....

gut ← → schlecht

Kriterien	**1**	**2**	**3**	**4**	**5**
Man versteht die gezeigte Handlung.					
Die Fotos zeigen typische Situationen, die zum Thema passen.					
Es werden verschiedene Einstellungsgrößen verwendet.					
Die Einstellungsgrößen passen zur Aussageabsicht.					
In Nah- oder Großeinstellungen kann man die Gesichter der Personen gut erkennen.					
Durch die Totalen kann man sehen, wo die Handlung spielt.					
Man schaut sich die Fotogeschichte gern an.					
Die Fotogeschichte weckt das Interesse für das Thema/die Personen.					

Gesamtpunktzahl:	

Kameraperspektive

Länge der Unterrichtseinheit

- 4 Unterrichtsstunden

Ziele der Unterrichtsstunden

- Die Lernenden können die drei Kameraperspektiven „Normalsicht", „Untersicht" und „Aufsicht" in ihrer Funktion unterscheiden.
- Die Lernenden kennen die dramaturgische Wirkung der verschiedenen Kameraperspektiven.
- Die Lernenden können die Kameraperspektiven zielgerichtet anwenden.

Methoden und Verfahren

- Gruppenarbeit
- Placemat-Methode
- Arbeit mit Miniaturen
- digitale Fotografie
- Arbeit mit Filmstills
- Storyboarding

Material

- *Stunde 1:* Arbeitsblatt 1, 4–5 Filmstills, 4–5 Placemats
- *Stunden 2–4:* Arbeitsblatt 2, Playmobil®- oder Lego®-Figuren, Gegenstände und Requisiten, 4–5 digitale Fotokameras, 4–5 Speicherkarten, 1 Überspielkabel
- 1 Fernseher/Beamer, DIN-A6-Karteikarten

Ablauf der Unterrichtsstunden

Stunde 1
Zunächst lesen die Lernenden das Informationsblatt zur Kameraperspektive und bearbeiten anschließend mit der Placemat-Methode das Arbeitsblatt 1. In der ersten Aktivitätsphase denken die Lernenden zunächst allein und ohne Druck (den es in einer Gruppenkommunikation oft gibt) über die Wirkung der Kameraperspektive ihres Filmstills nach. In der zweiten Phase tragen sie die Überlegungen in das entsprechende Placemat-Außenfeld ein. Im nächsten Schritt erfolgt der Gedankenaustausch über die jeweiligen Ergebnisse, dazu gehört Nachfragen, Infragestellen, Verbessern usw. Den Abschluss bildet das gemeinsame Zusammentragen und Formulieren der wesentlichen Erkenntnisse im Zentralfeld. Bleibt noch Zeit, tragen die Schüler die Gruppenergebnisse im Klassenplenum vor und besprechen diese.

Stunden 2–4
In diesen drei Stunden wird das erworbene Wissen angewendet, indem die Lernenden eine vorgegebene Geschichte mithilfe von Playmobil®-Figuren und digitaler Fotografie visuell erzählen sollen. Die Klasse wird in vier oder fünf Gruppen aufgeteilt, die jeweils die Aufgabe bearbeiten und die Geschichte in Bildern umsetzen. Wichtig dabei ist, dass sie sich gemeinsam die filmische Auflösung überlegen: Welche Fotos sind nötig, damit der Zuschauer die Geschichte nur aufgrund von Bildern versteht? Welche Kameraperspektiven helfen, die Aussage umzusetzen? Die Lernenden erstellen ein klassisches Storyboard, tauschen sich untereinander aus und setzen dann die Aufgabe mithilfe der digitalen Fotografie um.

Differenzierung

- Die schwächeren Lernenden profitieren bei der gesamten Unterrichtseinheit durch die Arbeit in Kleingruppen von der Lernform.

Kameraperspektive

Neben der Einstellungsgröße ist die **Kameraperspektive** eine der wichtigsten filmischen Gestaltungsmittel. Man versteht darunter den **Blickwinkel**, aus dem die Kamera filmt. Da die Kamera gewissermaßen das Auge des Zuschauers ist, übernimmt dieser den Blick der Kamera.
Man unterscheidet grundsätzlich **drei** Kameraperspektiven: die **Normalsicht**, die **Untersicht** und die **Aufsicht**. Die extreme Untersicht nennt man auch **Froschperspektive** und die extreme Aufsicht **Vogelperspektive**.
Von **Normalsicht** spricht man, wenn die Kamera auf **Augenhöhe** mit den Menschen ist, die im Bild abgebildet sind. Sie gilt als die natürlichste der Kameraperspektiven, weil sie der alltäglichen Wahrnehmung des Menschen entspricht, wenn er einem anderen Menschen gegenübersteht und ihm in die Augen schaut.
Aufsicht und Untersicht betonen **bestimmte Eigenschaften** und können z. B. eine Person charakterisieren: Ob man von oben auf etwas hinunter- oder von unten zu etwas hinaufschaut, beeinflusst die innere Haltung oder Meinung des Betrachters über den Gegenstand oder die Person. Durch die Aufsicht kann man einen Menschen einsam, schwach oder unterlegen wirken lassen. Sie kann aber auch einen Überblick z. B. über ein Geschehen geben. Von unten gefilmt, wirken Gegenstände oder Menschen größer, stärker oder mächtiger. Auch Beziehungen zwischen Personen können durch die Perspektive ausgedrückt werden, etwa die Beziehung zwischen Eltern und Kindern. Schaut man aus der Perspektive eines sitzenden Kindes beim Hausaufgabenmachen zum Vater oder zur Mutter hoch, wirkt er/sie eher groß. Übernimmt man die Perspektive des Vaters oder der Mutter auf das Kind, wenn er/sie neben dem Tisch steht und auf die Notizen schaut, wirkt das Kind klein.
Durch die Kameraperspektive kann man auch Abwechslung und Spannung erzeugen, indem man einen **ungewöhnlichen Blick** auf einen Ort, einen Gegenstand oder eine Person eröffnet.
Daher ist es unter **dramaturgischen Gesichtspunkten** entscheidend, welche Perspektive die Kameraleute für das Bild wählen.

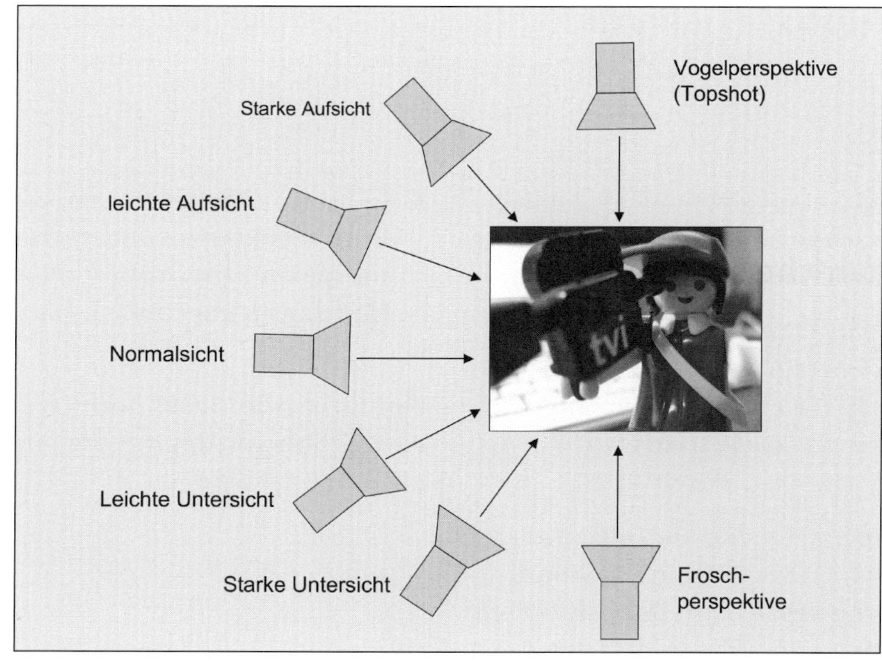

Kameraperspektive

Du sollst dich mit den unten abgebildeten Filmstills auseinandersetzen und dir Gedanken über deren Wirkung machen. Aber du arbeitest nicht allein, sondern in einer Gruppe.

Krabat

Krabat

Hände weg von Mississippi

Ein Tick anders

Aufgaben

1. **Setzt euch in 4er-Gruppen zusammen. Erstellt eine Placemat-Vorlage auf einem DIN-A4-Blatt. Jeder sucht sich ein Filmstill aus.**
2. **Betrachte das Filmstill genau. Bestimme die Kameraperspektive und beschreibe die Funktion und Wirkung, die es deiner Meinung nach in diesem Fall hat. Nutze dazu ein Feld im Placemat.**
3. **Wenn alle Gruppenmitglieder ihr Feld ausgefüllt haben, dreht ihr das Placemat so lange, bis ihr alle Felder gelesen habt. Dabei wandern die dazugehörigen Filmstills natürlich mit.**
4. **Überlegt nun gemeinsam, welche fünf wesentlichen Funktionen und Wirkungen die Kameraperspektive hat. Notiert diese Punkte in der Mitte des Placemats.**

Zusatzaufgabe: Bleibt noch Zeit, trägt eine Gruppe ihr Ergebnis vor, das ggf. von anderen Gruppen noch ergänzt wird.

Kameraperspektive

Folgende Geschichte sollt ihr mithilfe von Bildern und Playmobil®-Figuren erzählen. Denkt daran, dass ihr im Team arbeitet und jede Meinung zählt.

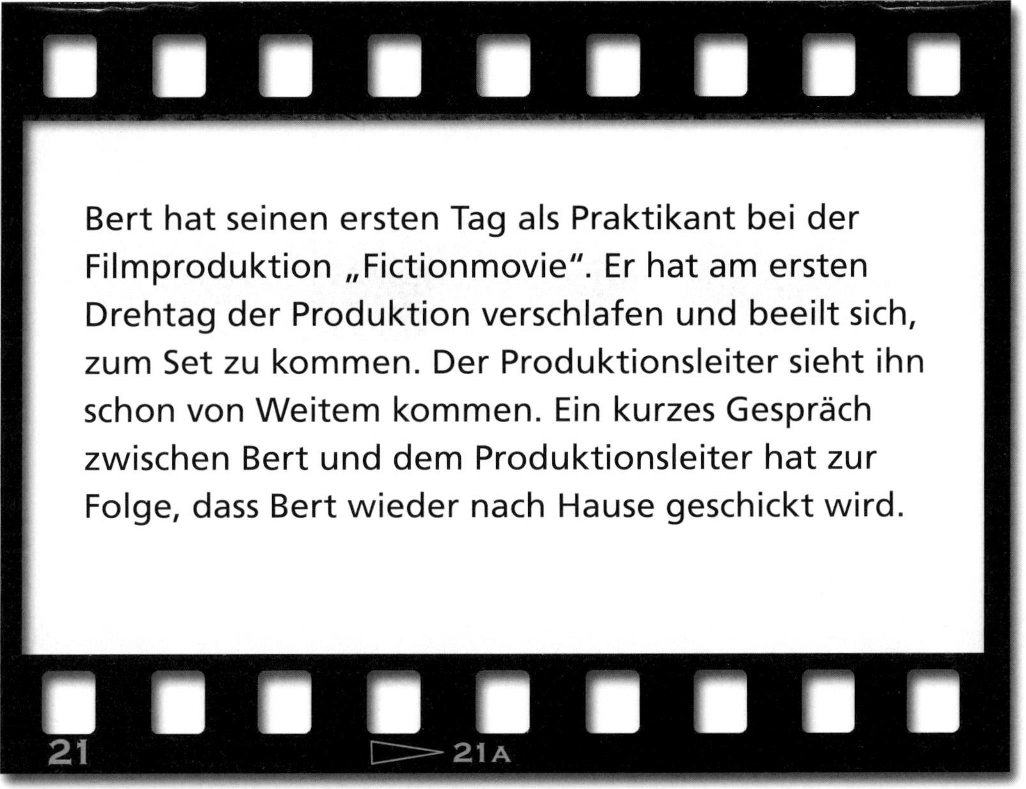

Aufgaben

1. **Lest die oben abgebildete, kurze Handlung aufmerksam durch.**
2. **Überlege nun, welche Bilder nötig sind, damit der Zuschauer die Geschichte nur aufgrund der Bilder versteht.**
3. **Entscheide dich nun allein für 8–10 Bilder. Achte dabei insbesondere auf die Kameraperspektiven. Zeichne ein Storyboard (pro Bild eine DIN-A6-Karteikarte).**
4. **Diskutiere anschließend in deiner Gruppe, welches Storyboard am gelungensten ist (ihr könnt aus den verschiedenen Storyboards auch ein gemeinsames erstellen, wählt dazu die besten Karteikarten aus und legt sie zu einem neuen Stoyboard zusammen).**
5. **Produziert nun mit der Fotokamera und den Playmobil®-Figuren eure 8–10 Bilder in der richtigen Reihenfolge.**

   Achtung: Fotografiert immer im Querformat! Die Bilder, die nicht gelungen sind, löscht ihr.
6. **Stellt die Bildgeschichte im Plenum vor und vergleicht sie mit den anderen Ergebnissen. Begründet in der abschließenden Diskussion, in welcher Fotogeschichte die Aufgabe am besten umgesetzt wurde.**

Kamerabewegung

Länge der Unterrichtseinheit

- 3 Unterrichtsstunden

Ziele der Unterrichtsstunden

- Die Lernenden kennen verschiedene Formen der Kamerabewegung.
- Die Lernenden vergleichen einfache Kamerabewegungen hinsichtlich ihrer Funktion und Bedeutung.
- Die Lernenden können Kamerabewegungen zielgerichtet anwenden.

Methoden und Verfahren

- Einzelarbeit
- Arbeit mit Filmausschnitten
- praktische Filmarbeit

Material

- *Stunde 1:* Informationsblatt, Arbeitsblatt 1
- *Stunden 2+3:* Arbeitsblatt 2, 4–5 digitale Videokameras, 4–5 Speicherkarten, 4–5 Stative, 1 Überspielkabel, 1 Fernseher/PC/Beamer

Ablauf der Unterrichtsstunden

Stunde 1

Die Lernenden erarbeiten sich in Einzelarbeit mithilfe eines Informationsblatts die verschiedenen Formen der Kamerabewegung. Zur Sicherung lösen sie ein Kreuzworträtsel und vergleichen das Ergebnis mit ihrem Nachbarn. Im Anschluss daran spielt der Lehrende einen Filmausschnitt mit verschiedenen Formen der Kamerabewegung vor. Die Lernenden versuchen zu zweit, die verschiedenen Formen anhand einer Tabelle zuzuordnen. In der Lerngruppe wird das Ergebnis überprüft.

Stunden 2 + 3

In diesen zwei Stunden wird die Klasse in Gruppen aufgeteilt, die jeweils mehrere Übungen zur Kamerabewegung mit der Videokamera durchführen. Die Lernenden müssen sich anhand der jeweiligen Übungssituation für eine Form der Kamerabewegung entscheiden. Nach einer vorgegebenen Zeit führen die Gruppen ihre Ergebnisse vor und erläutern ihre Entscheidungen für die gewählte Kamerabewegung.

Differenzierung

- In Stunde 2+3 muss nicht jede Übung von allen Gruppen durchgeführt werden, auch kann sich jede Gruppe aussuchen, mit welcher Übung sie beginnen möchte.

Lösung des Rätsels:

1. Kamerabewegungen
2. Vertikalschwenk
3. Zoom
4. Stativ
5. Kamerafahrt
6. Achse
7. Bildausschnitt
8. Handkamera

Lösungswort: Filmen

Kamerabewegung

Unter Kamerabewegungen versteht man alle Veränderungen im Film, die durch **die Bewegung mit der Kamera** entstehen. Zum einen kann die Kamera Menschen oder Gegenstände verfolgen, die selbst in Bewegung sind. Oder die Kamera bewegt sich zum anderen über eine Landschaft oder durch einen Raum, ohne dass sich im Bild etwas bewegt. Es gibt vier **verschiedene Kamerabewegungen**: Kameraschwenk, Kamerafahrt, Handkamera und Zoom.

Kameraschwenk

Beim Kameraschwenk steht die Kamera fest auf einer Stelle und wird beim Filmen um die eigene Achse gedreht. Es gibt den **Horizontalschwenk,** also die Bewegung, die parallel zum Horizont von links nach rechts oder umgekehrt erfolgt. Und es gibt den **Vertikalschwenk,** bei dem die Kamera von unten nach oben oder von oben nach unten geneigt wird. Die besondere Funktion des Schwenks besteht darin, ohne zu schneiden in einer Einstellung die **räumliche Beziehung** bzw. den **Zusammenhang zwischen Personen oder Objekten** herstellen zu können.

Kamerafahrt

Bei der Kamerafahrt bewegt sich die Kamera von ihrer Ausgangsposition aus an einen anderen Ort. Durch die Kamerafahrt verändert sich ununterbrochen das, was man im Bild sieht. Der räumliche Eindruck wird dadurch verstärkt und die Bewegung vermittelt Dynamik. Die häufigsten Kamerafahrten sind die **Vorwärtsfahrt** (auf jemanden/etwas zu), die **Rückwärtsfahrt** (von jemandem/etwas weg) und die **Parallelfahrt** (die Kamera bewegt sich parallel zu jemandem oder etwas, der/das selbst gerade in Bewegung ist). Durch Kamerafahrten kann man als Zuschauer den Raum besser erfassen.

Handkamera

Eine Kamera, die nicht auf einem Stativ steht und mit der Hand geführt wird, nennt man Handkamera. Man hält die Kamera beim Filmen mit beiden Händen vor den Bauch, die Brust oder hat sie auf der Schulter liegen. Die Arbeit mit der Handkamera erfordert viel Übung und ist dann besonders sinnvoll, wenn man auf Situationen reagieren muss, die sich **schnell verändern**.

Zoom

Der Zoom ist **keine echte Kamerabewegung**, denn der Eindruck der Bewegung entsteht nur, weil man die Brennweite des Kameraobjektivs verändert (z. B. mithilfe eines Kippschalters an der Kamera). So kann man von einem Detail (z. B. einer Fahrradklingel) zu einer totalen Aufnahme (das gesamte Fahrrad) aufzoomen, ohne den Standpunkt der Kamera zu verändern. Die Verwendung eines Zooms ist vor allem dann sinnvoll, wenn man schnell und ohne großen Aufwand den **Bildausschnitt verändern** muss.

Kamerabewegung

Aufgabe

Trage die Antworten in das unten aufgeführte Kammrätsel ein. Wenn ihr die eingerahmten Buchstaben in die richtige Reihenfolge bringt, erhaltet ihr das Lösungswort.

1. **Wie lautet die Bezeichnung für die Bewegungen im Film, die durch die Bewegung mit der Kamera entstehen?**
2. **Wie nennt sich die Kamerabewegung, bei der die Kamera von unten nach oben oder von oben nach unten geneigt wird?**
3. **Was ist keine echte Kamerabewegung?**
4. **Was sollte man bei einem Kameraschwenk, einer Kamerafahrt und bei einem Zoom möglichst benutzen?**
5. **Wie nennt man die Kamerabewegung, wenn die Kamera ihre Ausgangsposition beim Filmen verlässt?**
6. **Um was wird die Kamera bei einem Schwenk gedreht?**
7. **Was verändert sich beim Zoomen?**
8. **Wie nennt man die Kamera, die man beim Filmen z. B. auf der Schulter trägt?**

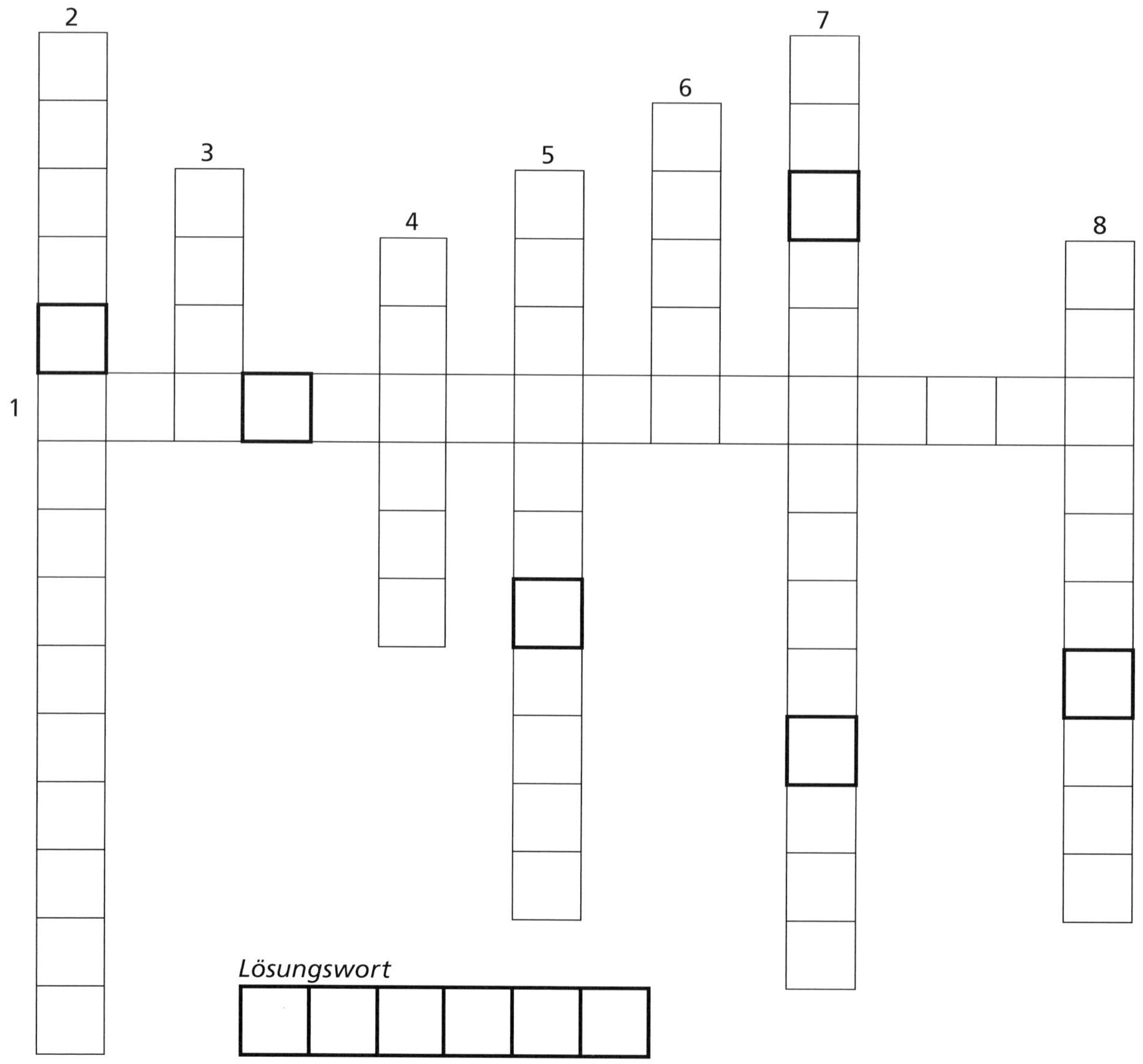

2 3 4 5 6 7 8

1

Lösungswort

Kamerabewegung

Folgende Übungen zur Kamerabewegung sollt ihr gemeinsam in einer Gruppe mit der Videokamera umsetzen. Versucht, alle Übungen in der vorgegebenen Zeit durchzuführen. Wenn ihr das nicht schafft, ist es aber auch okay. Beginnt mit der eurer Meinung nach leichtesten und wechselt euch beim Filmen ab.

Ein Schüler sitzt in der Klasse und schaut aus dem Fenster. Dort sieht er einen Freund, der winkt.

Ein Schüler hat einen Sticker an der Jacke. Zeigt in einer Aufnahme zunächst den Sticker groß im Bild und anschließend die Person, ohne beim Filmen den Standpunkt des Aufnahmeortes zu verändern.

Ein Schüler stürzt aufgeregt an seinen Arbeitsplatz und packt hektisch seine Schultasche aus. Er schein etwas zu suchen. Die Kamera verfolgt alles genau mit.

Ein Schüler geht telefonierend über den Schulhof. Beim Filmen ist er immer im gleichen Bildausschnitt zu sehen.

Aufgaben

1. **Lest die oben beschriebenen, kurzen Handlungen aufmerksam durch. Überlegt gemeinsam, welche Kamerabewegung für welche Handlung die geeignete ist. (Bei einer Kamerafahrt braucht ihr einen fahrbaren Untersatz, z. B. ein Fahrrad oder Skateboard. Dann muss jemand das Fahrrad oder Skateboard schieben und ein dritter den Kameramenschen festhalten).**
2. **Entscheidet euch, mit welcher Situation ihr beginnt. Legt die Schauspieler und die Kameraleute fest.**
3. **Produziert nun mit der Videokamera eure kurzen Filme (höchstens 20 Sekunden). Wenn euch eine Aufnahme nicht gefällt, macht eine zweite oder dritte.**
4. **Stellt die Aufnahmen im Plenum vor und begründet, warum ihr euch für die jeweilige Kamerabewegung entschieden habt.**

Licht

Länge der Unterrichtseinheit

- 5 Unterrichtsstunden

Ziele der Unterrichtsstunden

- Die Lernenden kennen die Bedeutung des Lichts im Film.
- Die Lernenden erläutern die Bedeutung des Lichts für die Stimmung in einem Film.
- Die Lernenden kennen und beschreiben die dramaturgische Wirkung der Lichtrichtung im Film.

Methoden und Verfahren

- Einzel-, Partner- und Gruppenarbeit
- Arbeit mit Filmstills
- Arbeit mit Miniaturen
- digitale Fotografie

Material

- *Stunden 1+2:* Informationsblatt, Arbeitsblatt 1, 4–5 digitale Fotokameras, 4–5 Speicherkarten, 4–5 Taschen- oder Stehlampen
- *Stunde 3:* Arbeitsblatt 2, Scheren, Klebestifte
- *Stunden 4+5:* Arbeitsblatt 2, 4–5 digitale Fotokameras, 4–5 Speicherkarten, 1 Überspielkabel, 1 Fernseher/Beamer, Material zum Nachbauen der Filmstills, kleine Stabtaschenlampen oder Spots

Ablauf der Unterrichtsstunden

Stunden 1+2
Die Lernenden lesen das Informationsblatt zum Licht im Film und wenden ihr erarbeitetes Wissen an, indem sie in Kleingruppen eine Fotoserie mit unterschiedlichen Lichtrichtungen fotografieren und anschließend ihre Bilder beschreiben sowie die dramaturgische Wirkung der Lichtrichtung in einer Tabelle festhalten und vergleichen.

Stunde 3
In dieser Stunde ordnen die Lernenden Filmstills den Lichtrichtungen zu, indem sie die Filmstills auf dem Arbeitsbogen ausschneiden und an entsprechender Stelle auf das Arbeitsblatt 2 auf die vorgesehenen Felder kleben. Zudem beschriften sie die Filmstills.

Stunden 4+5
In diesen Stunden findet eine weiterführende praktische Aufgabe statt. Die Lernenden bringen auf Papier geprintete Filmstills aus einem ihrer Lieblingsfilme mit und stellen in Kleingruppen die Lichtsituation mit Miniaturen (Playmobil®, Pappe, Lego®, Verpackungen u. a.) nach, um so die Lichtinszenierung nachzuvollziehen: Woher kommt das Licht? Wo liegen die Schatten oder die helle Partien im Bild? Wo muss die Kamera für den Bildausschnitt positioniert werden? Dabei kommt es weniger auf die realistische und genaue Rekonstruktion des Bildaufbaus, sondern mehr auf die Ausleuchtung bzw. Lichtgestaltung an.

Differenzierung

- Die erste Aufgabe ist von höheren Jahrgangsstufen möglicherweise auch in einer Stunde zu lösen.
- Die Stunden 4+5 sind eine besonders intensive und anschauliche Möglichkeit, um dem Licht im Film praktisch zu begegnen und im Klassenraum umzusetzen. Dabei können die Lernenden viel ausprobieren und ihr eigenes Lerntempo bestimmen.

Licht 1/2

Wenn man sich mit der Analyse und der Produktion von Filmen beschäftigt, muss man sich mit der Gestaltung der Filmbilder auseinandersetzen, denn nichts wird dabei dem Zufall überlassen. Das gilt auch für das Licht im Film. Licht löst beim Betrachter **Gefühle und Assoziationen** aus, erinnern ihn also an etwas.

Vincent will Meer

Die Lichtgestaltung wirkt oft unbewusst und kann den Charakter des Dargestellten vollständig verändern. Mithilfe des Lichts kann der Blick **gelenkt werden**, weil einzelne Bildbereiche im Hellen sichtbar werden oder im Dunkeln bleiben, also unsichtbar sind. Die Aufmerksamkeit des Betrachters wird so auf die hellen Bildbereiche gelenkt. Dieser **Kontrast** zwischen hell und dunkel lenkt die Aufmerksamkeit des Zuschauers, indem er die hellen Elemente viel deutlicher wahrnimmt.

Oft erhalten Bilder erst durch **Licht und Schatten** eine **Tiefenwirkung**. Je nach Verwendungszweck und Bildaussage kann man zwischen verschiedenen Lichtcharakteristiken wählen und bei der Analyse des Filmlichts verschiedene Aspekte betrachten.

Die **Lichtcharakteristik** ist für die Grundstimmung des Films verantwortlich. Man unterscheidet verschiedene **Lichtstile**, die man **Normalstil**, **High Key** und **Low Key** nennt. Die Lichtstile unterscheiden sich hinsichtlich der Verteilung von hellen und dunkeln Bildbereichen. Beim Normalstil sind die hellen und dunklen Bildbereiche ausgewogen, was den normalen Sehgewohnheiten entspricht. Überwiegen die hellen Bildbereiche spricht man von **High Key** und die Bilder wirken eher freundlich und positiv. Beim **Low Key** überwiegen die Schattenpartien und die dunklen, unbeleuchteten Anteile im Bild, die durch einzelne Lichter unterbrochen werden können. So wirkt die Grundstimmung eher düster und bedrohlich.

High Key; Vincent will Meer

Low Keyi; Nirgendwo in Afrika

Licht 2/2

Damit hat die Verteilung von **hellen und dunklen Bildbereichen** einen großen Einfluss auf die Wahrnehmung und damit Wirkung eines Filmbildes. Helle Bilder wirken eher leichter, vermitteln eine optimistische und positive Stimmung.

viele helle Bildbereiche; Vorstadtkrokodile

Demgegenüber wirken dunkle Bilder schwerer, die Stimmung ist z. B. dramatisch und unheimlich. Aber ein Bild muss nicht nur dunkel oder hell sein. Es können auch einzelne Bereiche bzw. Elemente innerhalb des Bildes eine unterschiedliche Helligkeit besitzen. Und eine romantische Tanzszene am Abend wirkt auch alles andere als bedrohlich, obwohl sie hauptsächlich dunkle Bereiche hat.

viele dunkle Bildbereiche; Die Fälscher

Die Lichtrichtung ist für die Grundaussage eines Filmbildes verantwortlich. Sie ist abhängig vom Standort der Lichtquelle, also von Lampen und Scheinwerfern, der Sonne usw. Dazu gehört aber auch indirektes Licht, z. B. Helligkeit, die durch ein Fenster scheint. Die Lichtrichtung wirkt in Bezug auf die Personen und Objekte vor der Kamera.

Die Bezeichnungen für Lichtrichtungen ergeben sich in Abhängigkeit der Lichtquelle zur Kameraachse (gedachte Achse zwischen Kamera und Aufnahmeobjekt):

- **Vorderlicht:** von vorn auf der Kameraachse
- **Seitenlicht:** von der Seite z. B. im 40°-Winkel zur Kameraachse
- **Streiflicht:** von der Seite im 90°-Winkel zur Kameraachse
- **Gegenlicht:** von hinter der Person in Richtung Kamera
- **Unterlicht:** von unten
- **Oberlicht:** (steil) von oben

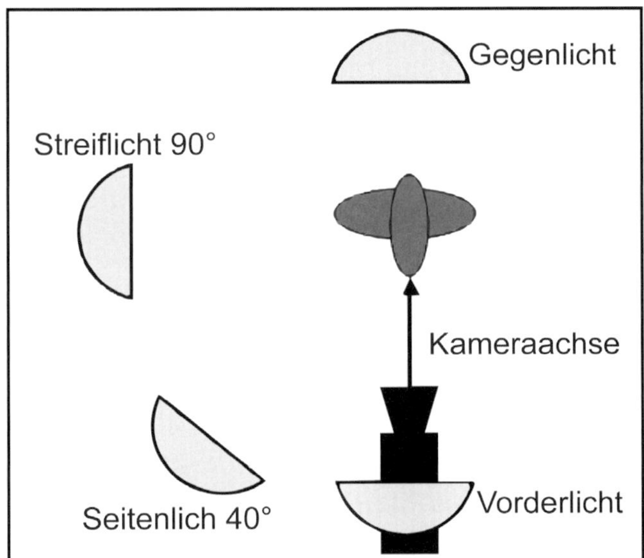

Licht

Aufgaben

1. Lies dir das Informationsblatt zur Lichtgestaltung aufmerksam durch. Am besten machst du dir Notizen. Wenn du fertig bist, tausche dich mit deinem Nachbarn aus und kläre mögliche Fragen.
2. Findet euch in Kleingruppen zusammen. Nun sollt ihr mit einer Lampe (Taschenlampe, Stehlampe, Schreibtischlampe) die verschiedenen Lichtrichtungen fotografieren. Wählt einen aus der Gruppe aus, der sich als Modell zur Verfügung stellt und sich mit dem Gesicht in Richtung Fotokamera (Kameraachse) auf einen Stuhl setzt.
3. Fotografiert sechs Fotos von eurem Modell, indem ihr …
   a) den Abstand der Kamera zum Modell so wählt, dass das Modell in der Einstellungsgröße Nah (Porträtaufnahme) fotografiert wird;
   b) ihr den Kamerastandpunkt bei allen sechs Aufnahmen beibehaltet, also immer vom selben Kamerastandpunkt und der selben Kameraperspektive (Normalperspektive = Augenhöhe) aus fotografiert;
   c) ihr bei jedem Foto die Richtung des Lichtes verändert, indem ihr mit der Lampe von der Kameraachse aus um das Modell herumgeht und die Lichtrichtung (siehe Tabelle) durch Seiten- und Höhenveränderung verändert.

   Achtung: Den Blitz an der Kamera ausschalten!
4. Notiert eure Ergebnisse (Gibt es einen Schatten auf dem Gesicht? Was wird hell beleuchtet und was bleibt im Schatten? Verändert die Beleuchtung den Charakter der Person? u. a.) in der beigefügten Tabelle (notfalls müsst ihr die Rückseite des Blattes mit benutzen). Besprecht sie anschließend in der Klasse.

Auswertungsbogen

Foto-Nr.	Lichtrichtung	Bildbeschreibung	Wirkung
1	Vorderlicht		
2	Seitenlicht (ca. 40°)		
3	Streiflicht (90°)		
4	Gegenlicht		
5	Unterlicht		
6	Oberlicht		

Licht 1/2

Aufgabe

Ergänzt die Informationen über die Lichtrichtung im ersten Feld, schneidet die passenden Filmstills aus und klebt sie in die vorgesehenen zweiten Felder.

Vorderlicht

FILMSTILL

Gegenlicht

FILMSTILL

Seitenlicht (ca. 40°)

FILMSTILL

Unterlicht

FILMSTILL

Streiflicht (90°)

FILMSTILL

Oberlicht

FILMSTILL

© Verlag an der Ruhr | Autorin: Ines Müller-Hansen | ISBN 978-3-8346-2513-7 | www.verlagruhr.de

Licht 2/2

1 Kamerastil Arbeitsblatt 2

Licht 2/2

Aufgabe

Zeige die Lichtwirkung anhand eines eigenen Beispiels:

a) Erstelle ein Filmstill (z. B. mit dem vlc-Player) aus einem deiner Lieblingsfilme mit einer interessanten Lichtstimmung.

b) Drucke das Filmstill möglichst in DIN-A4-Größe farbig aus. Ihr könnt das Foto einfach in ein Präsentationsprogramm importieren (z. B. in Powerpoint), auf eine Folie stellen und dann ausdrucken. Wählt in der Gruppe ein Filmstill aus, das sich gut mit euren mitgebrachten bzw. vorhandenen Materialien (Verpackungen, Playmobil®-Figuren, Pappe u. a.) in Miniatur nachstellen lässt.

c) Fotografiert in der Gruppe mit kleinen Taschenlampen, Stehlampe, Schreibtischlampe euren Nachbau.

Achtung: Den Blitz an der Kamera ausschalten! Ihr könnt ruhig mit dem Licht und Farbe experimentieren und mehrere Fotos machen.

d) Dann wählt ihr gemeinsam am Computer das Foto aus, das der Lichtstimmung des Originalfilmstills am nächsten kommt.

e) Importiert euer Foto wieder in ein Präsentationsprogramm und druckt es aus. Klebt beide Bilder (Filmstill und euer Foto) auf eine schwarze Pappe und präsentiert sie im Klassenraum.

f) Erläutert den anderen Gruppen eure Vorgehensweise und diskutiert die Ergebnisse.

Farbe

Länge der Unterrichtseinheit

- 6–8 Unterrichtsstunden

Ziele der Stunden

- Die Lernenden kennen die Bedeutung der Farbsymbolik im Filmbild.
- Die Lernenden erläutern die Bedeutung der Farbe für die Stimmung im Film.
- Die Lernenden kennen und beschreiben die dramaturgische Wirkung von Farbe.

Methoden und Verfahren

- Einzel-, Partner- und Gruppenarbeit
- Arbeit mit Filmstills
- Erstellen eines Moodboards
- digitale Fotografie

Material

- *Stunden 1+2:* Informationsblatt, Arbeitsblatt 1, Pappe für Moodboard, Scheren, Kleber, Material für Moods (Stoff- und Tapetenreste, Zeitschriften, Fundstücke usw.)
- *Stunden 3+4:* Arbeitsblatt 2, Filme „Winterschläfer" und „Die Fälscher" auf DVD oder CDR, Computer/Fernseher/Beamer
- *Stunden 5+6:* Arbeitsblatt 3, digitale Fotokameras und Speicherkarten, 1 Überspielkabel, Fernseher/Beamer
- *Stunden 7+8:* Arbeitsblatt 4, Fotoserien (gedruckt)

Ablauf der Unterrichtsstunden

Stunden 1+2
Farbe hat eine wichtige Funktion für die Emotionalisierung des Zuschauers. Um sich mit diesem Phänomen auseinanderzusetzen, erstellen die Lernenden ein Moodboard für bestimmte Orte bzw. Figuren (siehe Aufgabenblatt 1). Ein Moodboard ist eine Art Collage in Form eines Plakats, eines Hefts, eines Schuhkartons o. Ä., worin man Moods, also Fotos, Stoffe, Farben, Tapeten, Bilder aus Zeitschriften, Filmstills aus anderen Filmen, aber auch Gegenstände oder Sprüche zu einem Thema sammelt. Im Filmbereich dient das Moodboard dazu, Personen, Orte oder die gesamte Atmosphäre und Farbigkeit eines Films gefühlsmäßig zu charakterisieren.

Stunden 3+4
Die Lernenden setzen sich mit der Bedeutung der Farbdramaturgie für die Charakterisierung von Personen und Handlungsorten im Film auseinander. Dazu analysieren sie in Einzel- oder Partnerarbeit Filmstills des Films „Winterschläfer" und/oder in Einzel- oder Partnerarbeit Filmstills des Films „Die Fälscher". Dazu sollten Sie Szenen aus den Filmen vorführen oder den Lernenden zur Verfügung stellen, sodass diese die Farben für die Personen erkennen und zuordnen können. Ggf. können Sie die Filmstills selbst noch einmal in Farbe ausdrucken und z. B. über Beamer präsentieren. Die Ergebnisse werden in der Klasse diskutiert.

Stunden 5+6:
In diesen beiden Stunden wenden die Lernenden ihr erarbeitetes Wissen an, indem sie in Kleingruppen Fotos mit Farbstimmungen und dramaturgischer Wirkung der Farben erstellen.

Stunden 7+8:
In diesen Stunden bringen die Lernenden eine Fotoserie mit, die dasselbe Motiv zu unterschiedlichen Tageszeiten zeigt, die sie als Hausaufgabe erstellt haben. Entweder bringen sie die Fotos ausgedruckt mit und kleben sie auf oder die Fotos können in der Schule ausgedruckt werden. Eine Variante ist, die Fotos mithilfe eines Präsentationsprogramms (z. B. PowerPoint) zu präsentieren. Mit der Fotoserie kann besonders gut die unterschiedliche dramaturgische Wirkung der Lichtfarbe auf ein Motiv, in Abhängigkeit der Tageszeit veranschaulicht werden.

Differenzierung

- Bei der Partnerarbeit kann ein schwächerer mit einem stärkeren Lernenden zusammenarbeiten. In der Doppelstunde 3+4 müssen nicht alle Aufgaben von jeder Gruppe bearbeitet werden. Die Aufgabe für die Stunden 7+8 ist als besondere Möglichkeit gedacht, sich noch intensiver mit der Farbwirkung zu beschäftigen (evtl. für die älteren Jahrgänge).

Farbe 1/2

Bei der Analyse und der Produktion von Filmen spielt die Gestaltung der Filmbilder und damit auch die **Farbe im Film** eine große Rolle.

Farben lösen beim Betrachter Gefühle und Assoziationen aus, erinnern ihn also an etwas. Es ist aber nicht nur die eigene Erfahrung, die eine Rolle dabei spielt, sondern auch die Bedeutung, die man einer Farbe, je nach Kultur, zuschreibt. Diese **Farbsymbolik** wird beim Einsatz von Farben genutzt, um eine bestimmte Wirkung zu erzielen. „Rot" kann für Gefahr, Aggression oder Leidenschaft stehen; „Blau" für Kälte, Sauberkeit oder Ruhe; „Weiß" für Reinheit, Unschuld, Tod; „Braun" für Geborgenheit und Schwere usw. Bestimmte Farben werden eher als warm (rot, gelb) oder kalt (blau, grün) empfunden.

Die drei Räuber

Paris, Texas

Einen großen Einfluss auf die Wahrnehmung und damit Wirkung eines Filmbildes hat die Verteilung von **hellen und dunklen Bildbereichen**. Helle Farben wirken eher leichter, sie vermitteln eine optimistische und positive Stimmung. Demgegenüber wirken dunkle Farben schwerer, die Stimmung kann dramatisch und unheimlich sein.

Die Fälscher

Ein Bild muss jedoch nicht nur dunkel oder hell sein. Es können auch einzelne Bereiche bzw. Elemente innerhalb des Bildes eine unterschiedliche Helligkeit besitzen. Dieser **Kontrast** zwischen hell und dunkel lenkt die Aufmerksamkeit des Zuschauers, indem er die hellen Elemente viel deutlicher wahrnimmt.

Kontraste entstehen aber auch **zwischen den Farben** selber. Sie können z. B. Spannung erzeugen, angenehme oder unangenehme Gefühle hervorrufen oder aber schrill und unwirklich wirken. Wenn das Farbkonzept z. B. auf zwei (Komplementär-)Farben beruht, die die größte Verschiedenheit im Farbton haben (Blau-Gelb oder Rot-Grün), kann sich die Farbwirkung der Komplementärfarbpaare gegenseitig steigern und die Aufmerksamkeit des Zuschauers wird erhöht. Damit kommt jede Farbe besonders zur Wirkung. Komplementärfarbenpaare können den Eindruck von Spannung, Bewegtem, Lebhaftem, aber auch vom Vollständigen und Abgeschlossenen hervorheben.

Farbe 2/2

Eine wichtige Rolle spielen zudem die **Signalfarben**, also jene Farben, die besonders leuchten, wie Rot, Gelb oder Grün. Durch den gezielten Einsatz dieser Farben können der Blick und die Aufmerksamkeit des Zuschauers stark gelenkt werden. Das geschieht vor allem dann, wenn die Signalfarbe im starken Kontrast zu den anderen Farben steht (z. B. Rot zu blauen, kalten Farbtönen).

Farben, deren Stimmung und Symbolik, werden in Filmen oftmals für **dramaturgische Zwecke** genutzt. So können Orte und Zeiten in bestimmte Farben getaucht oder die Charaktere der Personen mit Farben unterstützt werden (Kleidung, Einrichtung usw. in bestimmten Farbtönen, die eindeutig der Person zugeordnet werden). Und auch Traumsequenzen und Rückblenden (oft in gelb-bräunlichen Sepia-Tönen wie auf alten Fotografien) haben ihre bestimmte Farbstimmungen und -symbole.

Farbe im Film kann durch bunte Folien vor den Scheinwerfen **direkt während der Filmproduktion** erzeugt oder auch als „Look" bei der **Nachbearbeitung** über den kompletten Film gelegt werden. Das geschieht beispielsweise, um die Farben zu entsättigen (= Erhöhung des Grauanteils), also die Leuchtkraft und Intensität der Farben abzuschwächen und so die Grundstimmung des Films eher als dramatisch zu charakterisieren. Selbst Farben wie Rot oder Gelb wirken dann bräunlich und grau und eher düster und kalt. Diesen Effekt sieht man oft in Dramen, Thrillern oder Science-Fiction-Filmen, im Gegensatz zu freundlichen und warmen Tönen in Komödien oder Kinderfilmen.

Amrumer Brut

© Verlag an der Ruhr | Autorin: Ines Müller-Hansen | ISBN 978-3-8346-2513-7 | www.verlagruhr.de

Farbe

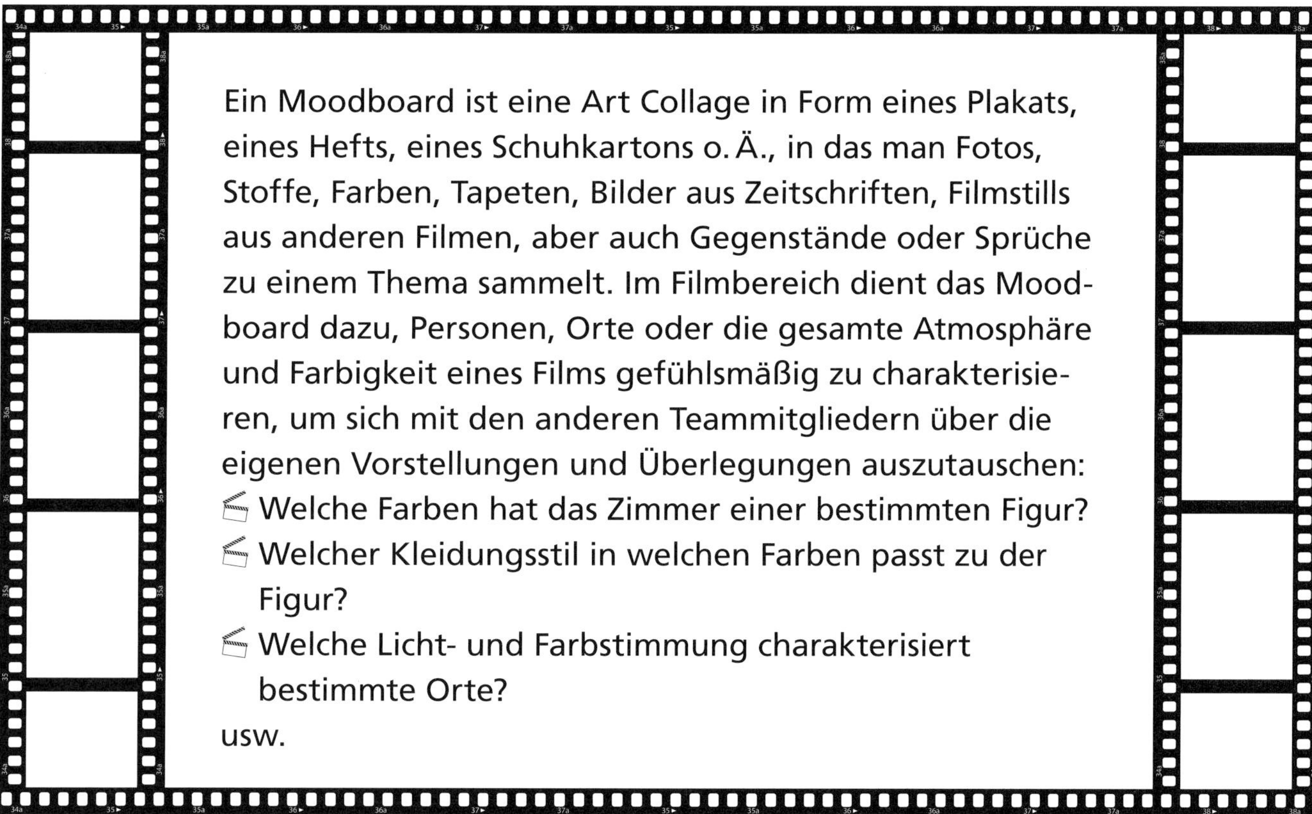

Ein Moodboard ist eine Art Collage in Form eines Plakats, eines Hefts, eines Schuhkartons o. Ä., in das man Fotos, Stoffe, Farben, Tapeten, Bilder aus Zeitschriften, Filmstills aus anderen Filmen, aber auch Gegenstände oder Sprüche zu einem Thema sammelt. Im Filmbereich dient das Moodboard dazu, Personen, Orte oder die gesamte Atmosphäre und Farbigkeit eines Films gefühlsmäßig zu charakterisieren, um sich mit den anderen Teammitgliedern über die eigenen Vorstellungen und Überlegungen auszutauschen:

- Welche Farben hat das Zimmer einer bestimmten Figur?
- Welcher Kleidungsstil in welchen Farben passt zu der Figur?
- Welche Licht- und Farbstimmung charakterisiert bestimmte Orte?

usw.

Aufgaben

1. **Lies dir zunächst das Informationsblatt zur Farbe im Film aufmerksam durch. Am besten machst du dir zu den wesentlichen Aspekten Notizen. Wenn du fertig bist, tausche dich mit deinem Nachbarn aus und kläre mögliche Fragen.**

2. **Erstellt dann in Kleingruppen ein Moodboard bzw. eine Moodbox in Form eines Plakats oder eines Schuhkartons für einen der folgenden Orte bzw. Figuren:**
   - **Zimmer für ein 15-jähriges Mädchen**
   - **Showroom für Computerladen**
   - **Zimmer für einen 15-jährigen Jungen**
   - **Studiodekoration/Bühnenbild für eine Musiksendung (Fernsehen) für Jugendliche**
   - **Ort deiner Wahl**
   - **Figur aus deinem Lieblingsbuch**
   - **Figur aus einer Kurzgeschichte**

3. **Präsentiert die fertigen Moodboards oder -boxen als Ausstellung in der Klasse und erläutert eure Überlegungen (z. B. welches Mädchen wohnt in dem Zimmer?)**

Farbe 1/2

Aufgaben

1. **Schaue dir Ausschnitte aus dem Film „Winterschläfer“ von Tom Tykwer an. Den vier Hauptpersonen des Films ist jeweils eine andere Farbe zugeordnet. Charakterisiere Personen durch die Farbdramaturgie. Du kannst dazu Stills direkt aus dem Film erstellen und farbig ausdrucken, wenn du in der Schule die Möglichkeit dazu hast. Recherchiere dazu auch, welche Bedeutungen den verschiedenen Farben im Allgemeinen zugeschrieben werden.**

Person (Farbe): ....

Der Farbe .... werden folgende Eigenschaften zugeschrieben:

- ....
- ....
- ....

Charakterisierung der Person:

Filmstill

....

....

....

....

....

....

....

Farbe 2/2

2. **Setze dich nun mit deinem Nachbarn mit den Filmstills aus dem Film „Die Fälscher“ von Stefan Ruzowitzky auseinander. In dem Film werden die Handlungsorte durch die Farbdramaturgie charakterisiert. Dabei wechselt die Farbgestaltung in Abhängigkeit von dem Ort der Handlung und der zeitlichen Abfolge der Szenen im Film. Schaut euch dazu Ausschnitte aus dem Film an. Überlegt, welche Wirkung die unterschiedlichen Farbgebungen möglicherweise auf den Zuschauer haben könnten. Notiert eure Ergebnisse in der Tabelle und besprecht sie anschließend in der Klasse.**

Handlungsorte: Fest (Bar), zu Hause (vor der Verhaftung)	**Farbdramaturgie**
	Licht:
	Farben:
	Wirkung:
Handlungsort: Konzentrationslager	**Farbdramaturgie**
	Licht:
	Farben:
	Wirkung:

Farbe

Folgende Situationen sollt ihr als Gruppe mithilfe von Fotografien gestalterisch umsetzen. Dabei geht es immer um die gesamte Farbwirkung, d. h., wenn ihr bei einer Situation eine bestimmte Farbsymbolik besonders hervorheben wollt, dann müssen natürlich auch die anderen Bestandteile des Bildes (Requisiten, Hintergrund, Kleidung u. a.) mit bedacht werden.

- Fotografiert Bilder, die eine freundliche und optimistische Grundstimmung bewirken.
- Fotografiert Bilder, die eine düstere und unheimliche Grundstimmung bewirken.
- Fotografiert Bilder, bei denen ihr Signalfarben einsetzt, um bestimmte Gegenstände zu betonen und die Aufmerksamkeit des Betrachters dorthin zu lenken.
- Fotografiert ein Bild mit einem Komplementärkontrast.
- Fotografiert zwei Bilder mit demselben Motiv und verändert ein Bild mit einem Bildbearbeitungsprogramm am Computer, sodass es einen gelblich-bräunlichen Look erhält.

Für Fortgeschrittene:

- Fotografiert zuerst eine freundliche Frühstücksszene und dann dasselbe Bild als unheimliche Frühstücksszene.

Aufgaben

1. **Setzt euch in Kleingruppen zusammen. Überlegt, wie ihr welche Bilder umsetzen wollt. Macht euch eine Skizze von dem Foto.**
2. **Produziert dann eure Fotos. Wechselt euch beim Fotografieren ab. Macht ruhig mehrere Fotos von jedem Motiv, entscheidet euch aber für die zwei gelungensten. Die anderen könnt ihr sofort löschen.**

   Achtung: Immer im Querformat fotografieren.
3. **Wählt für die Präsentation in der Klasse zwei aus den zehn Fotos aus, die ihr zeigen wollt. Begründet die Auswahl. Führt dann die Präsentation durch.**

© Verlag an der Ruhr | Autorin: Ines Müller-Hansen | ISBN 978-3-8346-2513-7 | www.verlagruhr.de

Farbe

Sucht ein Motiv, das ihr zu unterschiedlichen Tageszeiten fotografiert:

Aufgaben

1. Lies dir die oben beschriebenen Situationen aufmerksam durch. Überlege nun, welches Motiv du fotografieren willst.
2. Produziere dann deine Fotos. Diese müssen alle immer denselben Bildausschnitt zeigen. Dafür musst du das Motiv immer vom selben Standpunkt aus fotografieren. Hilfreich ist es, wenn du dir bestimmte Ecken/Kanten von Objekten, Häusern usw. zur Orientierung merkst. Mache ruhig mehrere Fotos von jedem Motiv, entscheide dich aber für die zwei gelungensten. Die anderen kannst du sofort löschen.

   Achtung: Immer im Querformat fotografieren!
3. Für die Präsentation in der Klasse wählst du von jeder Tageszeit das gelungenste Foto aus und druckst es in der Größe von ca. 4x6 cm aus. Klebe die Fotos auf einer DIN-A4-Seite untereinander auf.
4. Hänge dein Arbeitsblatt in der Klasse auf und berichte deinen Mitschülern über deine Vorgehensweise bei der Motivauswahl und über deine Erfahrungen beim Fotografieren.
5. Vergleiche deine Fotos mit denen deiner Mitschüler. Wie ändern sich die Farben und damit auch die Stimmung der Motive?

Sequenzanalyse

Länge der Unterrichtseinheit

- 4–5 Unterrichtsstunden (wenn die Lernenden in Stunde 1 nicht selber die Informationen recherchieren können, verkürzt sich die Unterrichtseinheit um 1 Stunde)

Ziele der Unterrichtsstunden

- Die Lernenden unterscheiden verschiedene Elemente eines Filmwerkes.
- Die Lernenden beschreiben Bildinhalte und ordnen ihnen filmische Gestaltungsmittel zu.
- Die Lernenden erläutern das Zusammenspiel der verschiedenen Elemente eines Filmwerkes in Bezug auf Inhalt und Form.

Methoden und Verfahren

- Gruppenarbeit
- Arbeit mit Filmausschnitten
- Sequenzprotokoll

Material

- *Stunden 1–3:* Infoblatt und Arbeitsblatt zum Sequenzprotokoll, Filmausschnitte auf DVDs/CDR, PC- und Internetarbeitsplätze, Kopfhörer, Audioverteiler

Ablauf der Unterrichtsstunden

Stunde 1
Der Lehrende erläutert den Lernenden ihre Aufgabe und erklärt dabei das Ausfüllen eines Sequenzprotokolls. Die Lernenden werden in Kleingruppen aufgeteilt (4–5 Personen) und erhalten eine CD mit der Filmsequenz, die sie an ihrem Computerarbeitsplatz abspielen können. Bevor die Lernenden mit der Protokollierung beginnen, recherchieren sie allgemeine Informationen über den Film, die Regie, die Kameraleute und fertigen eine Inhaltsangabe an. Steht kein Internetzugang zur Verfügung, sollte der Lehrende diese Informationen zur Verfügung stellen. Zu finden sind sie z. B. in der Wikipedia, unter www.imdb.com (englisch) oder www.filmportal.de (für deutsche Filme).

Als Sequenzen eignen sich z. B. ein Ausschnitt aus „Wintertochter" (D, PL, 2011, Johannes Schmid, 00:02:34–00:05:30) für die jüngeren Jahrgangsstufen und ein Ausschnitt aus „Die Innere Sicherheit" (D, 2000, Christian Petzhold, 00:16:56–00:21:00) für ältere Jahrgangsstufen.

Stunden 2+3:
Die Lernenden erstellen das Sequenzprotokoll zum gewählten Ausschnitt.

Stunden 4+5:
Die Lernenden bereiten einen Vortrag vor. Auf der Grundlage ihres Sequenzprotokolls stellen sie den Zusammenhang bzw. die Bedeutung der einzelnen Gestaltungselemente in Bezug z. B. auf die dramaturgische Wirkung oder auf die Visualität des Films dar.

Differenzierung

- Bei der Gruppenarbeit des Protokollierens können sich die Lernenden unterstützen und sich bei den anfallenden Arbeiten abwechseln. Bei der Präsentation des Vortrags übernehmen die Lernenden entsprechend ihrer Stärken Aufgaben.
- Unterschiedliche Filmausschnitte können für verschiedene Jahrgangsstufen oder Lerngruppen ausgewählt werden.

Sequenzanalyse

Filme sind komplexe Werke und vereinen eine Vielzahl von Elementen. Neben der Geschichte und den entsprechenden Charakteren sind das die **Gestaltungsmittel**, wie Bildkomposition, Einstellungsgrößen, Licht, Farbe usw.
Um eine **Analyse** nicht zu umfangreich werden zu lassen, kann man sich eine oder mehrere wichtige Sequenzen aus einem Film aussuchen und diese stellvertretend für den ganzen Film analysieren.

Basis einer Sequenzanalyse ist das **Sequenzprotokoll**. Das ist zunächst eine Tabelle der einzelnen Einstellungen der Sequenz (eine Einstellung bezeichnet den Zeitraum zwischen zwei Schnitten). Zu jeder dieser Einstellungen werden Informationen zu Personen, Handlung und/oder den verschiedenen Gestaltungsmitteln protokolliert. Um welche Elemente es sich genau handelt, muss man vorher festlegen.

Die einzelnen Elemente eines Films werden in der Regel sehr bewusst eingesetzt, um eine **gewünschte Wirkung beim Zuschauer** zu erzielen. Insofern sollte eine Sequenzanalyse nicht beim pedantischen Auflisten der Beobachtungen stehen bleiben, sondern die erlangten Information in Bezug z.B. zur Dramaturgie des Films setzen.

Informationen zum Sequenzprotokoll

Unter einer **Sequenz** versteht man eine **inhaltlich zusammenhängende Einstellungsfolge**. Anders als bei einer Szene, die durch die Einheit von Zeit und Raum (Ort) definiert wird, zeigt die Abfolge der Bilder in einer Sequenz einen größeren Zusammenhang. Ein typisches Beispiel dafür ist eine Reise.
In einem Sequenzprotokoll werden die einzelnen Einstellungen (also von Schnitt zu Schnitt) der Sequenz aufgelistet, meist in einer Tabelle. Zu den einzelnen Einstellungen hält man dann vor allem Informationen zu verschiedenen gestalterischen Elementen fest. Folgende Kategorien kann man beispielsweise protokollieren und beschreiben:

- Einstellungsgrößen
- Kameraperspektiven
- Kamerabewegungen
- Bildaufbau
- Licht
- Ton
- usw.

Mithilfe des Sequenzprotokolls kann man anschließend untersuchen, welche Gestaltungselemente eingesetzt und wie diese kombiniert werden, um beim Zuschauer eine gewünschte Wirkung zu erzielen.

Sequenzanalyse

Aufgabe

Erstelle das Sequenzprotokoll zum gewählten Filmausschnitt.

Einstellung Nr.	Zeit/Sek	Bildinhalt + Bildkomposition	Einstellungsgröße	Kameraperspektive	Kamerabewegung	Licht	Farbe	Ton

Narration

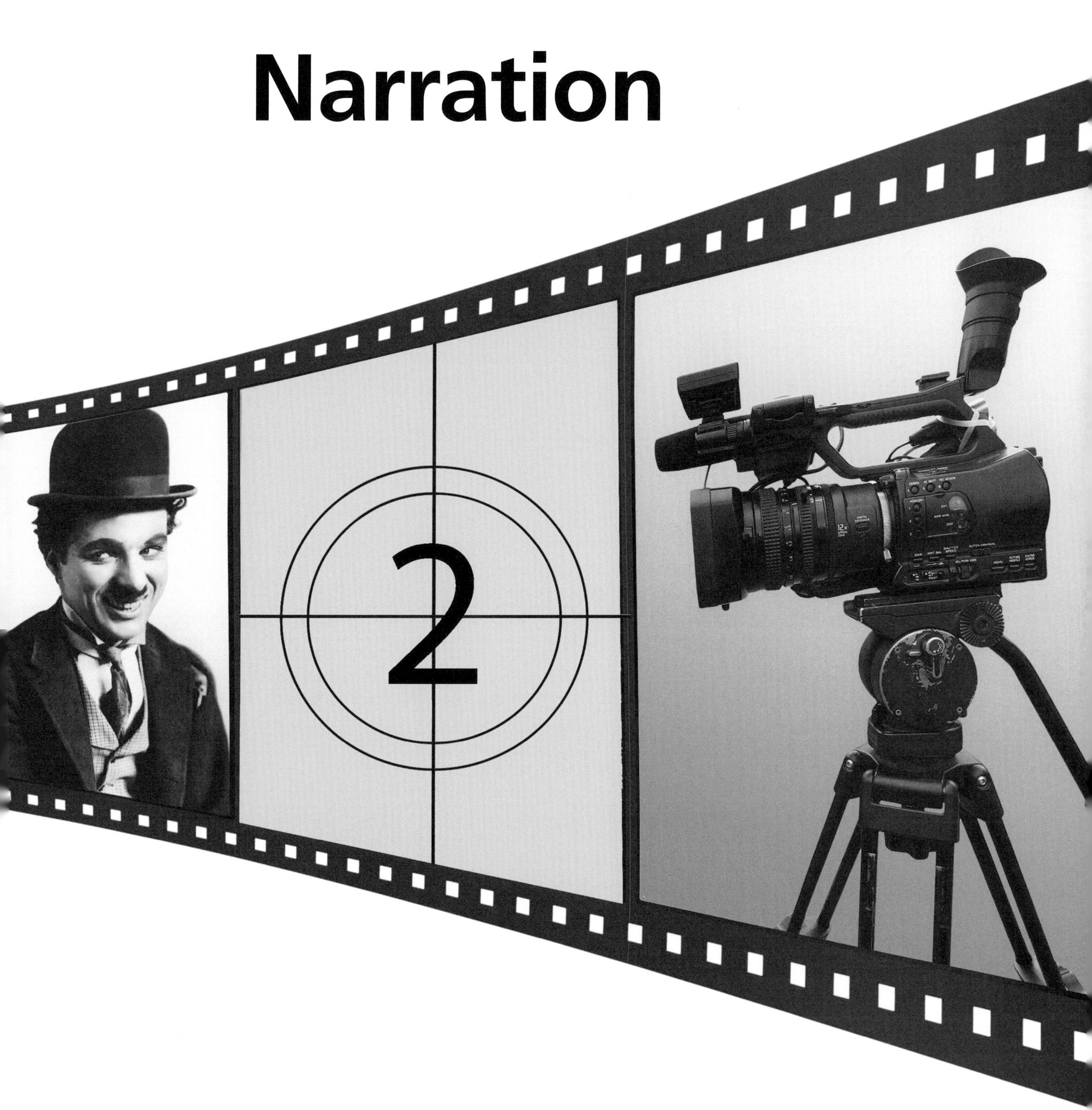

Allgemeine Dramaturgie

Länge der Unterrichtseinheit

- 2–3 Unterrichtsstunden

Ziele der Unterrichtsstunden

- Die Lernenden erkennen spezifische Merkmale und den Aufbau einer dramaturgischen Erzählung.
- Die Lernenden geben die Handlung eines Films strukturiert wieder und setzen Anfang, Mitte und Ende des Films zueinander in Beziehung.

Methoden und Verfahren

- Einzel-, Partner- und Gruppenarbeit
- Arbeit mit einem Film

Material

- *Stunden 1–3:* Informationsblatt und Arbeitsblätter, Kurzfilm

Ablauf der Unterrichtsstunden

Stunden 1–3
Die Lernenden lesen das Informationsblatt zur Dramaturgie. Zur vertiefenden Erarbeitung des Textes ergänzen sie die formulierten Aussagen auf dem Arbeitsblatt 1 und besprechen ihre Ergebnisse in der Klasse.
Nun teilt der Lehrende die Klasse in Kleingruppen auf und stellt die Beobachtungsaufgaben vor, die auf die Elemente der Dramaturgie hinweisen. Er weist den Gruppen jeweils eine Frage zu, auf die sie achten und die sie nach Sichtung des Films beantworten sollen. Der Lehrende zeigt nun z. B. den Kurzfilm „Die Gefährder" (D 2009, Hans Weingartner) für die Jahrgangsstufe 10 oder „Schieflage" (D 2009, Sylke Enders) für die unteren Klassen.
Die Lernenden bearbeiten dann ihre Beobachtungsaufgabe und tauschen die Arbeitsblätter untereinander aus, sodass jedes Gruppenmitglied mögliche Ergänzungen vornehmen kann. Die Ergebnisse werden in der Gruppe besprochen und zum Ende der Stunde in der Klasse vorgestellt.

Differenzierung

- Es werden je nach Klassenstufe unterschiedliche Filme gezeigt.
- Bei der Gruppenarbeit können stärkere mit schwächeren Lernenden zusammenarbeiten.
- Ältere Jahrgangsstufen können als Hausaufgabe eine Filmkritik mit dem Schwerpunkt auf der Dramaturgie schreiben bzw. es kann auch eine dritte Stunde eingeplant werden, sodass insgesamt mehr Zeit für die Lernenden zur Verfügung steht. In diesem Fall kann das Schreiben einer Filmkritik als Zusatzaufgabe mit eingeplant werden.

Allgemeine Dramaturgie 1/2

Filme erzählen Geschichten von Menschen, Dingen oder Landschaften. In der Regel handelt es sich um ausgedachte Geschichten, die vom Regisseur gestaltet werden. Er erschafft eine filmische Welt, in der sich alle Teile aufeinander beziehen und zusammenpassen. Damit das funktioniert, ist eine Dramaturgie erforderlich, die die Elemente der Geschichte strukturiert und ihnen eine Ordnung gibt. Zu den wichtigsten Elementen gehören **Themen und Konflikte**, der **dramatische Bogen**, die **Figurencharakteristik** sowie die **Spannungserzeugung**.

Themen und Konflikte

Es gibt ganz bestimmte **allgemeine Themen**[4], aus denen man Geschichten entwickeln kann, die den Zuschauer **interessieren**, wie „Liebe“, „Tod“, „Ruhm“, „Macht“, „Geld“, „Politik“, „Krieg“ und „Rache“. Diesen Themenfeldern lassen sich die verschiedensten **dramatischen Situationen** zuordnen, z. B. „Verfolgung“, „Entführung“, „Rivalität“ usw. Daraus ergeben sich wiederum **Konflikte**, die entweder von außen kommen, wie „Naturgewalten“, „Revolutionen“ und „Feinde“ oder die sich im Inneren der Hauptperson/en abspielen („Selbstzweifel“, „übersteigertes Selbstbewusstsein“).

Dramatischer Bogen

Unter diesem Begriff versteht man eine Organisationsform, die eine Filmgeschichte nachvollziehbar und spannend macht. In den meisten Geschichten wird folgendes Muster verwendet:

- **Exposition**: Einführung in die Geschichte, der Rahmen der Geschichte wird festgelegt.
- **Aufbau des Konflikts**: Es deuten sich erste Störungen an, der Gegenspieler der Hauptperson taucht auf, die Geschichte bekommt eine erste Wendung und entwickelt sich in eine neue Richtung (1. Wendepunkt).
- **Höhepunkt der Geschichte**: Der Konflikt verschärft sich, es kommt zur Konfrontation.
- **Abbau des Konflikts**: Es deuten sich erste Lösungen des Konflikts an, möglicherweise gibt es einen zweiten Wendepunkt, der dazu führt, dass weitere Hürden zur Konfliktlösung genommen werden müssen.
- **Schluss**: Der Konflikt wird gelöst – positiv oder negativ. Manchmal ist der Schluss auch offen und beim Zuschauer bleiben Fragen.

[4] Informationen nach: Werner Kamp: AV-Mediengestaltung Grundwissen. Europa-Lehrmittel, 2013.

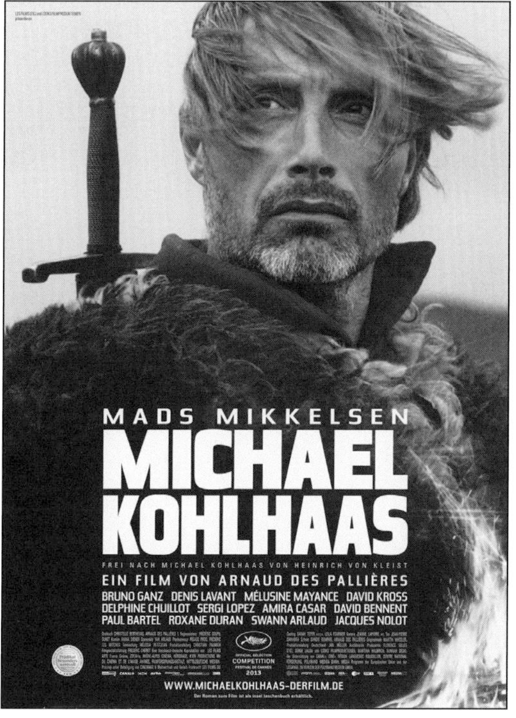

Michael Kohlhaas

Allgemeine Dramaturgie 2/2

Figurencharakteristik

Eine Geschichte lebt von den Figuren, die die **Handlung vorantreiben**. Dazu müssen diese glaubhaft sein und sich als **Identifikationsfigur** für den Zuschauer eignen. Es müssen also entsprechende Charaktere geschaffen werden, die bestimmte Eigenschaften haben (Aussehen, innere Werte, Fähigkeiten) und sich entwickeln (z. B. vom abweisenden Großvater zum liebevollen Opa). Aus den Eigenschaften und Entwicklungsmöglichkeiten erklären sich oftmals die **Konflikte**.

Die Bücherdiebin

Spannungserzeugung

Filmgeschichten leben von der Spannung, die erzeugt wird. Dabei ist die Frage entscheidend, was der **Zuschauer** im Verhältnis zu den Filmfiguren weiß. Es gibt drei Möglichkeiten:

- Der Zuschauer weiß genauso viel, wie die handelnden Figuren, es herrscht also ein **Infomationsgleichstand**. Er kann sich hier besonders gut mit der Hauptperson identifizieren.
- Der Zuschauer weiß weniger als die handelnden Personen, er wird also immer wieder überrascht. Dieses **Informationsdefizit** kann zu einer eher abweisenden Haltung gegenüber der Hauptperson führen.
- Der Zuschauer weiß mehr als die handelnden Personen, hat also einen **Informationsvorsprung** gegenüber den Filmfiguren. Er ahnt die Wendepunkte und ist so gespannt auf die Reaktion der Protagonisten. Diese Art der Spannungserzeugung nennt man „**Suspense**“.

Allgemeine Dramaturgie

Aufgaben

1. **Lies den Informationstext zur Dramaturgie aufmerksam durch. Ergänze anschließend die folgenden Aussagen.**

   a) **In den meisten Filmen wird ein bestimmtes Muster verwendet, um ...**

   ....

   b) **Eine Filmfigur muss glaubhaft sein und der Zuschauer muss sich mit ihr identifizieren können, damit ...**

   ....

   c) **Der Zuschauer weiß mehr als die handelnde Person und deshalb ...**

   ....

   d) **Eine Dramaturgie ist erforderlich, weil ...**

   ....

   e) **Themenkomplexe, wie „Liebe“, „Tod“, „Ruhm“, „Macht“, ergeben Stoff für eine Filmgeschichte, weil ...**

   ....

   Vergleiche die Ergebnisse anschließend in deiner Klasse.

2. **Erstelle in dem Feld unten eine Grafik, in der du den dramatischen Bogen verdeutlichst.**

Allgemeine Dramaturgie

Aufgabe

Ihr habt gerade einen Kurzfilm gesehen, zu dem ihr Fragen zu den wesentlichen Elementen der Dramaturgie beantworten sollt. Jedes Gruppenmitglied beantwortet die der Gruppe zugewiesene Frage auf einem Extrazettel. Dann tauscht ihr die Arbeitsblätter so lange, bis alle anderen Ergänzungen (auch auf der Rückseite) vorgenommen haben. Anschließend besprecht ihr die Antworten und stellt dann euer Ergebnis in der Klasse vor.

Beschreibe die Hauptperson des Films.

a) äußere Merkmale
b) Charaktereigenschaften/Fähigkeiten
c) Haltungen/Einstellungen
d) Ergänzungen

Allgemeine Dramaturgie

Aufgabe

Ihr habt gerade einen Kurzfilm gesehen, zu dem ihr Fragen zu den wesentlichen Elementen der Dramaturgie beantworten sollt. Jedes Gruppenmitglied beantwortet die der Gruppe zugewiesene Frage auf einem Extrazettel. Dann tauscht ihr die Arbeitsblätter so lange, bis alle anderen Ergänzungen (auch auf der Rückseite) vorgenommen haben. Anschließend besprecht ihr die Antworten und stellt dann euer Ergebnis in der Klasse vor.

Erläutere den dramatischen Bogen des Films, indem du beschreibst, was in den einzelnen Teilen geschieht.

a) Exposition
b) Aufbau des Konflikts
c) Höhepunkt
d) Abbau des Konflikts
e) Schluss
f) Ergänzungen

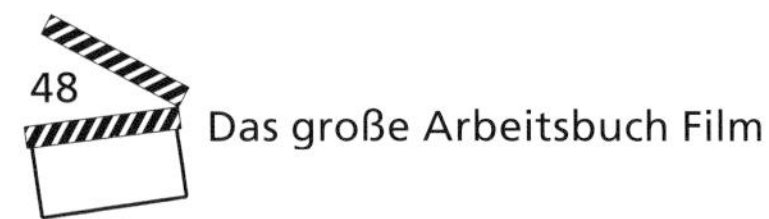

Allgemeine Dramaturgie

Aufgabe

Ihr habt gerade einen Kurzfilm gesehen, zu dem ihr Fragen zu den wesentlichen Elementen der Dramaturgie beantworten sollt. Jedes Gruppenmitglied beantwortet die der Gruppe zugewiesene Frage auf einem Extrazettel. Dann tauscht ihr die Arbeitsblätter so lange, bis alle anderen Ergänzungen (auch auf der Rückseite) vorgenommen haben. Anschließend besprecht ihr die Antworten und stellt dann euer Ergebnis in der Klasse vor.

Beantworte die folgenden Fragen zum Inhalt des Films.

a) Um welches Thema geht es in dem Film?

b) Welche Konflikte ergeben sich?

c) Ergänzungen

Allgemeine Dramaturgie

Aufgabe

Ihr habt gerade einen Kurzfilm gesehen, zu dem ihr Fragen zu den wesentlichen Elementen der Dramaturgie beantworten sollt. Jedes Gruppenmitglied beantwortet die der Gruppe zugewiesene Frage auf einem Extrazettel. Dann tauscht ihr die Arbeitsblätter so lange, bis alle anderen Ergänzungen (auch auf der Rückseite) vorgenommen haben. Anschließend besprecht ihr die Antworten und stellt dann euer Ergebnis in der Klasse vor.

Beantworte die folgenden Fragen zur Spannung des Films.

a) Welchen Informationsstand hat der Zuschauer?

b) Welche Auswirkungen hat das auf die Spannung?

c) Ergänzungen

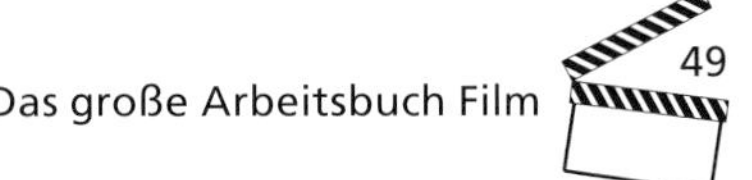

Dramaturgie: Themen und Konflikte

Länge der Unterrichtseinheit

- 2 Unterrichtsstunden

Ziele der Unterrichtsstunden

- Die Lernenden kennen und beschreiben dramatische Situationen.
- Die Lernenden ordnen dramatische Konflikte dramatischen Situationen zu.
- Die Lernenden stellen Charaktergrundtypen dar.

Methoden und Verfahren

- Einzel-, Partner- und Gruppenarbeit
- digitale Fotografie

Material

- *Stunden 1 + 2:* Informationsblatt, Arbeitsblätter, 4–5 digitale Fotoapparate, 4–5 Speicherkarten, 1 Überspielkabel, 1 Fernseher/Beamer

Ablauf der Unterrichtsstunden

Stunden 1 + 2
Der Lehrende verweist auf den Zusammenhang des Themas zur allgemeinen Dramaturgie, indem er den Lernenden verdeutlicht, dass Themen und Konflikte neben dem dramatischen Bogen, der Figurencharakterisierung und der Spannungserzeugung zu den wichtigsten Elementen des filmischen Erzählens gehören. Die Lernenden bearbeiten zunächst das Informations- und Arbeitsblatt zu den dramatischen Situationen. Im Anschluss daran setzen sie im Team einige der Situationen bzw. Themen fotografisch um, indem sie versuchen, eine entsprechende dramatische Stimmung zu erzeugen. Die Fotos werden in der Klasse präsentiert und besprochen.

Differenzierung

- Durch die Team- und Partnerarbeit können die Lernenden ihre jeweiligen Fähigkeiten einbringen.
- Zudem können bei der fotografischen Inszenierung konkretere dramatische Situationen gewählt werden.

Dramaturgie: Themen und Konflikte 1/2

Wer Filme aufmerksam betrachtet, wird merken, dass es immer wiederkehrende Themen gibt, aus denen sich ganz bestimmte Konfliktsituationen ergeben. Der französische Dramatiker Georges Polti (1867–1946) hat die 36 entscheidenden dramatischen Situationen nach der Analyse von Theaterstücken und Romanen entdeckt und aufgeschrieben – und das schon im 19. Jahrhundert. Allerdings sind diese Situationen heute noch aktuell, auch wenn sie in der Wortwahl manchmal etwas altmodisch erscheinen. Aus den Situationen ergeben sich oft die Personen und Elemente, die in der Geschichte eine Rolle spielen.

Situation	Elemente/Personen
Bitte	Verfolger; Peiniger; jemand, der eine unentschlossene Autorität um Nachsicht bittet
Erlösung	erlösende Person; bedrohende Person; Retter
Rache für ein Verbrechen	Rächer; Verbrecher
Rache an einem Verwandten für den Tod eines Angehörigen	der rächende Verwandte; der schuldige Verwandte; Erinnerung an das Opfer, das mit beiden verwandt war
Verfolgung	flüchtende Person wird verfolgt, gefasst, bestraft oder auch seine Unschuld bewiesen
Katastrophe	eine bezwungene Macht; ein siegreicher Feind oder Bote
Einer Grausamkeit oder einem Unglück zum Opfer fallen	ein Unglücklicher; ein Herrscher; ein Unglück
Revolte	Tyrann; Verschwörer; Diktator; Aufständige
Ein wagemutiges Unternehmen	eine mutige Person; ein Gegenspieler; Unternehmen wie Raub, Expedition
Entführung	ein Entführer; der Entführte; Bewacher
Rätsel	der Fragende, der das Rätsel stellt; der das Rätsel löst; das zu lösende Problem
Erwerb (etwas anschaffen)	jemand, der etwas haben möchte; jemand, der es nicht hergeben möchte; ein Vermittler
Hass unter Verwandten	ein hassender Verwandter; ein verhasster Verwandter
Rivalität unter Verwandten (oder Freunden)	der Bevorzugte; der Zurückgewiesene; Gegenstand der Rivalität (zwei Brüder streiten um die Übernahme des Familienbetriebs)
Ehebruch (mit Mord)	der Betrogene; der Betrügende; Geliebte(r); Mord
Wahnsinn	der Wahnsinnige; das Opfer
Verhängnisvoller Leichtsinn	der Leichtsinnige; das Opfer; der Gegenstand, der verloren geht

Dramaturgie: Themen und Konflikte 2/2

Situation	Elemente/Personen
Unfreiwillige Verbrechen der Liebe	die liebende Person; die geliebte Person; der Geschädigte; Person, die das Verbrechen aufdeckt
Mord an einem nicht erkannten Verwandten	der Mörder; das nicht erkannte Opfer
Selbstopferung für ein Ideal	der Held; das Ideal (Idee, Glaube); der Gläubige; der Fanatiker
Selbstopferung für Angehörige	der Held; der Angehörige; die Person oder der Gegenstand, der geopfert wird (auf seine Liebe verzichten für das Glück seiner Kinder)
Opferung aus Leidenschaft	die liebende Person; das Objekt der Leidenschaft; die Person oder der Gegenstand, der geopfert wird
Notwendigkeit, geliebte Menschen zu opfern	der Held; das geliebte Opfer; der Grund für das Opfer (die Pflicht, jemanden für das öffentliche Wohl zu opfern)
Rivalität zwischen Ungleichen	überlegener Rivale; unterlegener Rivale; (König und Prinz;) Gegenstand der Rivalität (die Liebe zur gleichen Person)
Ehebruch	der betrogene Ehepartner; zwei Ehebrecher
Verbrechen der Liebe	die liebende Person; die geliebte Person (eine Frau liebt ihren Stiefsohn)
Entdeckung der Unehrenhaftigkeit einer geliebten Person	die aufdeckende Person; die schuldige Person; entdecken, dass die Familie unrechtmäßig zu Reichtum gekommen ist
Hindernisse der Liebe	zwei Liebende; ein Hindernis (Liebe wird durch verschiedene Religionen erschwert)
Ein geliebter Feind	der geliebte Feind; die liebende Person; die hassende Person; die geliebte Person wird von der Familie des Liebenden abgelehnt
Ehrgeiz	eine ehrgeizige Person; ein Gegner; ein begehrter Gegenstand oder ein begehrtes berufliches Ziel
Konflikt mit einem Gott	ein Sterblicher; ein Unsterblicher
Grundlose Eifersucht	eifersüchtige Person; ein vermeintlicher Komplize; Gegenstand der Eifersucht (ein Gerücht); jemand, der ein Gerücht in die Welt setzt
Falsche Beurteilung	jemand, der falsch urteilt; jemand, der falsch beurteilt wird; Grund für das Urteil (Gerücht, Denunziant); schuldige Person
Reue	der Schuldige; das Opfer oder die Sünde; die ermittelnde Person
Eine vermisst geglaubte Person wird gefunden	die suchende Person; die vermisste und gefundene Person
Verlust einer geliebten Person	ein getöteter Verwandter oder Freund; eine zuschauende Person; der Mörder

Informationen nach: Gerhild Tieger, Georges Polti: Lass laufen! Beats, Wendepunkte, Krisen & Konflikte. Autorenhaus, 2004. Werner Kamp: AV-Mediengestaltung Grundwissen. Europa-Lehrmittel, 2008

Dramaturgie: Themen und Konflikte

Aufgaben

1. **Lies dir die Situationen und die dazugehörigen Elemente und Personen auf dem Infoblatt aufmerksam durch. Versuche, einige der Situationen zusammenzufassen. Überlege dann, welche du für am wichtigsten hältst. Vergleiche deine ausgewählten Situationen mit denen deines Nachbarn. Stellt gemeinsam eine Rangliste auf.**
2. **Versucht, für jede von euch gewählte Situation ein bekanntes Filmbeispiel aus Kino und/oder Fernsehen zu finden.**
3. **Ordnet folgende Elemente/Personen den entsprechenden dramatischen Situationen nach Polti zu:**

Elemente/Personen	**Situation**
Ein neuer Kollege taucht am Arbeitsplatz auf und droht, zum Rivalen zu werden.	
Jemand stiehlt die Idee für ein neues Produkt und wird damit reich.	
Ein Mensch findet nach vielen Jahren seine vermissten Eltern wieder.	
Ein Mann beschuldigt einen Nachbarn ungerechtfertigt des Drogenhandels und bringt ihn damit ins Gefängnis.	
Eine junge Frau bringt einen Mann dazu, seine Heimat zu verlassen, um mit ihr zusammenzuleben.	
Ein Vorgesetzter nötigt einen Mitarbeiter unter Androhung der Entlassung, bei einer kriminellen Aktion mitzumachen.	
Eine Gruppe von Männern ruiniert einen reichen Hotelbesitzer, weil er ihren Freund übers Ohr gehauen hat.	

Dramaturgie: Themen und Konflikte

Aufgabe

Setzt folgende Begriffe fotografisch um. Achtet darauf, dass sowohl Mimik und Gestik als auch die Umgebung, der Ort und die Requisiten zu den Begriffen, die jeweils einen großen Themenkomplex beschreiben, passen.

a) Macht euch zunächst Gedanken zur Umsetzung in der Gruppe und notiert diese stichwortartig in der Tabelle.

b) Anschließend fotografiert ihr die Situationen. Macht mehrere Bilder von jeder Situation und wählt am Ende das gelungenste aus.

Achtung: Fotografiert im Querformat!

c) Präsentiert dann eure Fotos in der Klasse. Bestimmt die gelungensten Bilder und begründet eure Entscheidung.

Nr.	Situation	Mimik, Gestik	Umgebung, Ort, Requisite
1	**Ehrgeiz**		
2	**Rache**		
3	**Rivalität**		
4	**Liebe**		

Dramaturgie: Dramatischer Bogen

Länge der Unterrichtseinheit

- 3 Unterrichtsstunden

Ziele der Unterrichtsstunden

- Die Lernenden beschreiben und analysieren einen einfachen dramatischen Bogen.
- Die Lernenden erkennen die spezifischen dramaturgischen Merkmale einer Geschichte.
- Die Lernenden erörtern wichtige Elemente der Narration.

Methoden und Verfahren

- Einzel-, Partner- und Gruppenarbeit
- Arbeit mit einem Filmanfang

Material

- *Stunden 1–3:* Info- und Arbeitsblätter, Plakatpappe, Filmausschnitt/DVD, PC/DVD-Player/Beamer/Fernseher

Ablauf der Unterrichtsstunden

Stunde 1

Der Lehrende verweist auf den Zusammenhang des Themas zur allgemeinen Dramaturgie, indem er den Lernenden verdeutlicht, dass der dramatische Bogen neben Themen und Konflikten, der Figurencharakterisierung und der Spannungserzeugung zu den wichtigsten Elementen des filmischen Erzählens gehören. Er sollte den Lernenden darüber hinaus erklären, dass Geschichten im Film einem Muster wie dem dramatischen Bogen folgen, wie bei Dramen, Romanen etc., die sie aus dem Deutschunterricht kennen. Die Lernenden bearbeiten Arbeitsblatt 1, indem sie die im Arbeitsblatt dargestellten Versatzstücke einer Geschichte in eine sinnvolle dramaturgische Reihenfolge bringen. Im Anschluss daran vergleichen sie ihr Ergebnis mit dem Nachbarn und diskutieren die Unterschiede. Eines der Paare liest dann die Geschichte in der Klasse vor.

Stunden 2+3

In den folgenden zwei Stunden beschäftigen sich die Lernenden mit der Exposition, die für die Dramaturgie einer jeden Geschichte von besonderer Bedeutung ist. Der Lehrende zeigt den Anfang eines Films, aus dem Personen, Ort, Zeit und Konflikt(e) hervorgehen. Als eine solche Exposition eignet sich z. B. der Anfang von „Die innere Sicherheit" (D 2000, Christian Petzhold, 0:00:00–00:17:40). Zuvor teilt der Lehrende die Klasse in Gruppen und verteilt Beobachtungsaufgaben, die auf Arbeitsblatt 2 beschrieben sind. Anschließend fertigen die Gruppen Plakate zu ihren Ergebnissen an, die sie in der Klasse präsentieren. So vorbereitet, können sich die Lernenden dann zunächst in Einzelarbeit mit dem Arbeitsblatt 3 auseinandersetzen. Hier geht es darum, dass die Schüler sich überlegen, was sie nach der Exposition für Fragen und Vorstellungen zum bzw. an einen Film haben. Diese Überlegungen können dann mit dem Nachbarn oder in der Gruppe aus Stunde 1 erörtert werden. Zum Abschluss kann in der Klasse eine zusammenfassende Übersicht an der Tafel erstellt werden. Nachdem die Schüler dann den Film zu Ende angesehen haben, können sie Vergleiche von ihren Erwartungen und der wirklichen Handlung anstellen. Sie können dazu weiterhin überlegen, warum der Regisseur sich eventuell anders als gedacht für einen Verlauf der Handlung entschieden hat.

Differenzierung

- Durch die Team- und Partnerarbeit können die Lernenden ihre jeweiligen Fähigkeiten einbringen.
- Für jüngere Jahrgangsstufen eignet sich der Anfang des Films „Emil und die Detektive" (D 2001, Franziska Buch, 00:00:00–00:13:55).

Lösung zu Arbeitsblatt 1

a) Aufbau, **b)** Abbau, **c)** Abbau, **d)** Exposition, **e)** Aufbau, **f)** Schluss, **g)** Höhepunkt, **h)** Aufbau, **i)** Aufbau

Dramaturgie: Dramatischer Bogen

Unter dem Begriff „Dramatischer Bogen“ versteht man einen bestimmten Verlauf der Handlung in einem Film. In den meisten Geschichten findet man folgende Elemente:

- **Exposition:** Einführung, der Rahmen der Geschichte (Ort, Zeit, Hauptperson/en) wird festgelegt.
- **Aufbau des Konflikts:** Erste Probleme treten auf, der Gegenspieler der Hauptperson erscheint, die Geschichte entfaltet sich und bekommt ggf. eine neue Wendung.
- **Höhepunkt der Geschichte:** Der Konflikt verschärft sich, es kommt zur Konfrontation.
- **Abbau des Konflikts:** Erste Lösungen des Konflikts deuten sich an, ggf. tauchen jedoch weitere Hindernisse auf, die noch überwunden werden müssen.
- **Schluss:** Der Konflikt wird positiv oder negativ gelöst, ggf. bleibt das Ende aber auch offen.

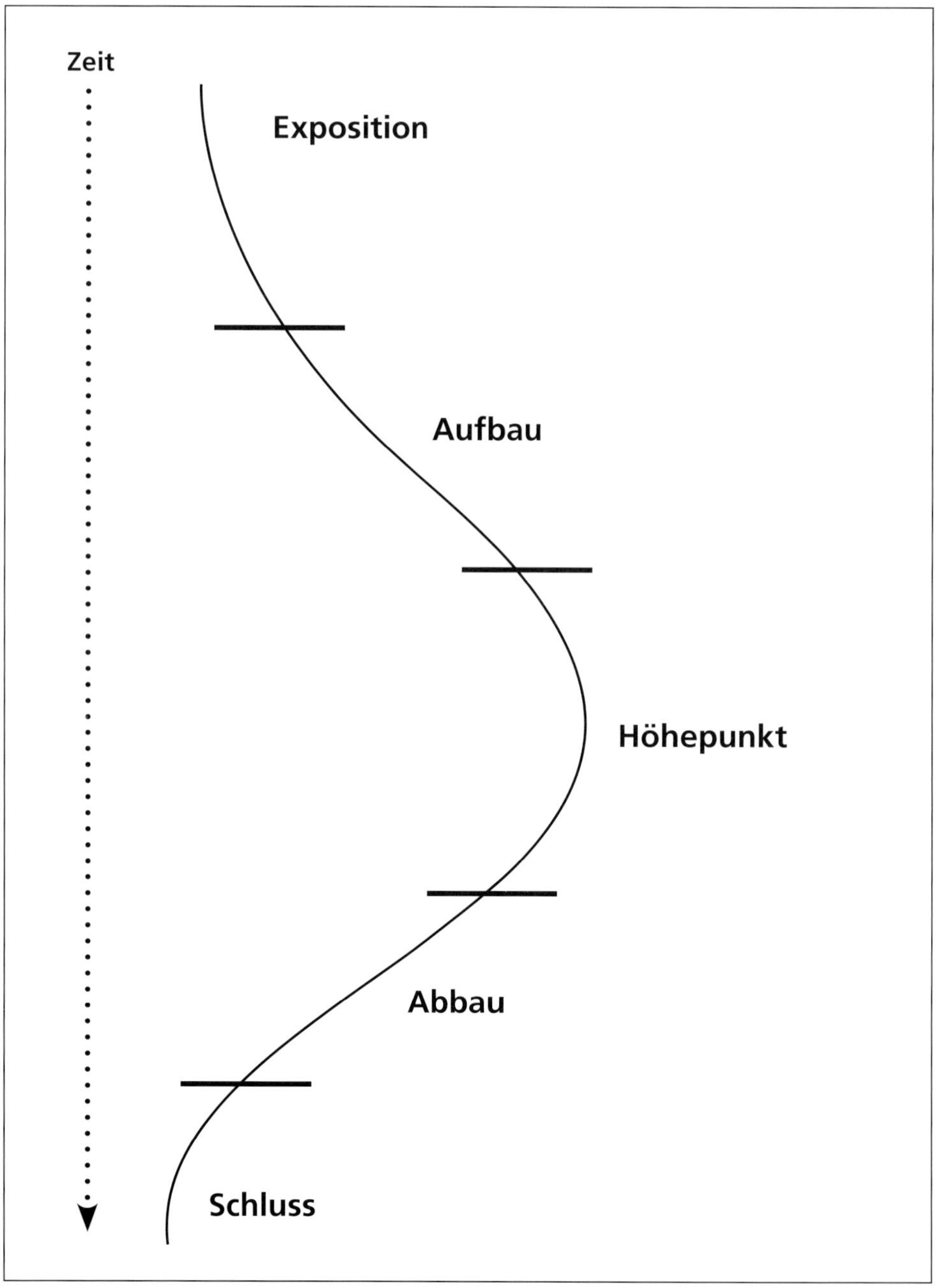

(Informationen nach: Peter Kerstan: Der journalistische Film. Jetzt aber richtig. Zweitausendeins, 2000)

Dramaturgie: Dramatischer Bogen

Aufgabe

Ordne die einzelnen Aussagen so, dass sie deiner Meinung nach zu den Phasen des dramatischen Bogens passen und eine Geschichte erzählen: Ziehe dazu einfach Pfeile zu den jeweiligen Phasen. Vergleiche anschließend dein Ergebnis mit dem deines Nachbarn.

Aussage/Szene	Dramatischer Bogen
a) Den Zwillingen wird es zu langweilig und sie sehen sich auf dem Flughafen um. Dabei entfernen sie sich immer weiter von ihren Eltern.	**Exposition**
b) Die Eltern suchen weiter in der Ankunftshalle und hören plötzlich ein helles Lachen.	
c) Der Polizist beruhigt die Eltern und erklärt, dass die Sicherheitsmaßnahmen nur wegen eines Politikers ergriffen werden. Die Kinder seien aber mit Sicherheit nicht in die Halle gekommen.	**Aufbau**
d) Familie Redder befindet sich auf dem Flug nach Kenia und die beiden 9-jährigen Zwillinge Anna und Torsten sowie deren Eltern freuen sich auf die bevorstehenden Wochen im Camp.	
e) Auf dem Nairobi Airport angekommen, kümmern sich die Eltern zunächst um den Anschlussflug und diskutieren mit den Mitarbeitern der Fluggesellschaft.	**Höhepunkt**
f) Die Eltern gehen dem Lachen nach und sehen ihre Zwillinge in einem Spielzeuggeschäft. Erleichtert kaufen sie ihnen zwei Stofftiere. In dem Moment stürmen Soldaten die Halle und sperren sie ab. Die Eltern sind verzweifelt und wenden sich an einen Polizisten.	**Abbau**
g) Die Eltern klären ihr Anliegen, dann bemerken sie das Fehlen der Kinder. Sie machen sich sofort auf die Suche, doch sie sind nicht zu finden.	
h) Sie wollen in eine andere Halle, doch ihnen wird von Flughafenbeamten der Zutritt verwehrt. Es herrscht höchste Sicherheitsstufe.	**Schluss**

Dramaturgie: Dramatischer Bogen

Der Anfang eines Films ist für die Dramaturgie von besonderer Bedeutung. Er ist entscheidend dafür, ob die Zuschauer den Film weiter sehen wollen. Durch die Hinweise und Fragen auf Themen, Figurenkonstellationen und Konflikte, die im Laufe des Films geklärt werden, will der Filmemacher die Aufmerksamkeit der Zuschauer erreichen.

Aufgabe

Beobachtet den Filmanfang des Films „Die innere Sicherheit" (D 2000, Christian Petzhold) unter folgenden Gesichtspunkten:

- ***Gruppe A: Orte der Handlungen***
  (z. B.: Gibt es verschiedene Orte? In welcher Umgebung spielt der Film? In welchem Land? Wie sieht die Landschaft aus?)
- ***Gruppe B: Zeit der Handlungen***
  (Gibt es verschiedene Handlungszeiten? Tageszeit, Jahreszeit, Gegenwart, Vergangenheit)
- ***Gruppe C: Figuren der Handlungen***
  (Welche und wie viele Personen spielen mit? Was erfährt man über die Personen? Welche Beziehung haben sie zueinander?)
- ***Gruppe D: Themen und Konflikte der Handlungen***
  (Welche Hinweise gibt es auf das Thema? Sind es mehrere? Gibt es Konflikte, gibt es Streit?)

Mache dir während des Films schon erste Notizen.

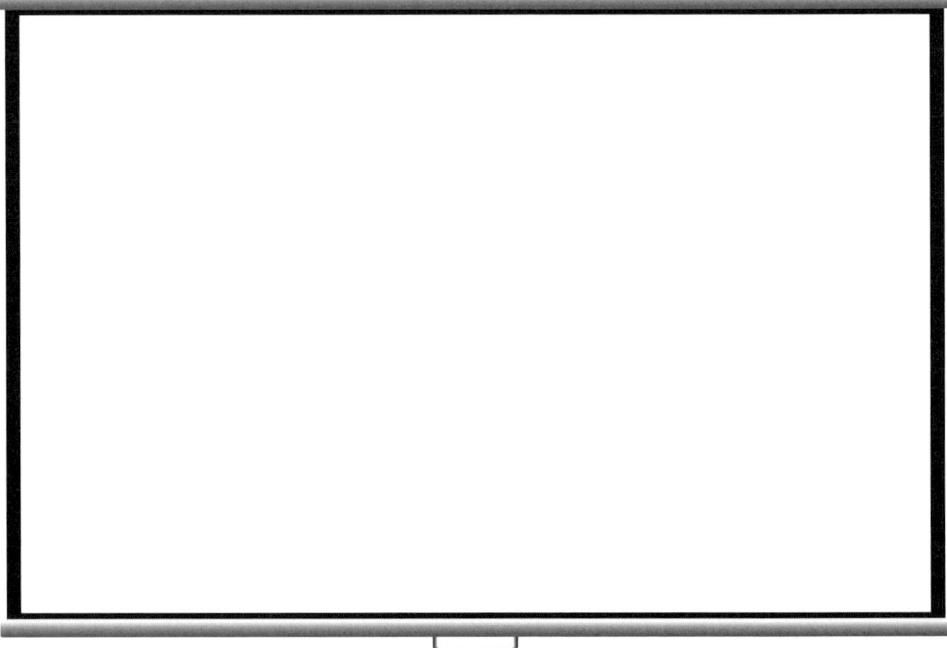

Tauscht anschließend eure Beobachtungen in der Gruppe aus und fertigt ein Plakat zu eurem Thema an, das ihr in der Klasse vorstellt.

Dramaturgie: Dramatischer Bogen

Aufgabe

Notiere auf dem Arbeitsblatt, was du für Erwartungen an den Film hast: Wie soll der Konflikt gelöst werden? Wie sollen sich die Personen entwickeln? usw. Wenn du mit deinen Überlegungen fertig bist, tausche sie mit deinem Nachbarn aus und diskutiert eure Vorstellungen.

Figurencharakterisierung

Länge der Unterrichtseinheit

- 2–3 Unterrichtsstunden

Ziele der Unterrichtsstunden

- Die Lernenden beschreiben und charakterisieren die Filmfiguren.
- Die Lernenden erkennen und beschreiben die Figurenkonstellationen.

Methoden und Verfahren

- Einzel-, Partner- und Gruppenarbeit
- Arbeit mit Filmausschnitten und Filmstills
- Soziogramm, Emotionskurve

Material

- *Stunden 1+2:* Arbeitsblätter 1+2, Filmausschnitt „Nirgendwo in Afrika" 00:16:30–00:34:00, Filmstills, Arbeitsblatt 1, Arbeitsblatt 2 mit Emotionskurve (lässt sich auch – abgewandelt – für jede andere Szene verwenden), Stifte, PC/Beamer oder Fernseher, evtl. Overheadprojektor, -folien
- *Stunde 3:* Arbeitsblatt 2, Filmstills, Schere, Klebe, Papier

Ablauf der Unterrichtsstunden

Stunden 1+2:
Der Lehrende verweist auf den Zusammenhang des Themas zur allgemeinen Dramaturgie (oder hat im Vorfeld die entsprechende Unterrichtseinheit mit der Klasse bearbeitet). Anschließend zeigt er einen Filmausschnitt aus dem Film „Nirgendwo in Afrika" (D 2001, Caroline Link), und zwar die Ankunft und die erste Zeit von Jettel und Regina in Kenia. Die Lernenden informieren sich eventuell zusätzlich im Internet, z.B. in der Wikipedia oder auf www.filmportal.de, über die Filmgeschichte.

Mithilfe des Filmausschnitts und der Filmstills auf dem Arbeitsblatt erstellen die Lernenden jeweils Steckbriefe zu den drei Filmfiguren Jettel, Walter und Regina Redlich. Diese Steckbriefe vergleichen sie mit ihrem jeweiligen Nachbarn und erörtern, warum sie unterschiedliche Merkmale gewählt haben.
Die Lernenden erstellen dann in Einzelarbeit jeweils Emotionskurven für diese Filmfiguren. Sie zeichnen die Kurven mit verschiedenen Farben, um deren Entwicklung vergleichen zu können.
In der Kleingruppe erörtern sie ihre Ergebnisse und diskutieren in der Klasse, warum die Figuren emotional so unterschiedlich reagieren. Im Idealfall steht die Vorlage der Emotionskurve als Overheadfolie zur Verfügung.

In den höheren Jahrgängen können die Lernenden dann in einer 3. Stunde versuchen, in der Kleingruppe ein Soziogramm der Familie Redlich zu erstellen, das in der Klasse diskutiert wird.

Differenzierung

- Durch die Team- und Partnerarbeit können die Lernenden ihre jeweiligen Fähigkeiten einbringen.
- Zusatzaufgabe für höhere Jahrgangsstufen

Dramaturgie: Figurencharakterisierung

Jede Figur in einem Film zeichnet **eigene Vorstellungen, Fähigkeiten**, Eigenschaften usw. sowie ein **bestimmtes Aussehen** aus. Je genauer die Figuren beschrieben werden, desto detaillierter kann man sie sich vorstellen. Dazu müssen die Figuren glaubhaft sein und sich als **Identifikationsfigur** für den Zuschauer eignen. Darüber hinaus lebt eine Geschichte von den Figuren, die die **Handlung vorantreiben**. Es müssen also Charaktere geschaffen werden, die zum einen bestimmte Eigenschaften haben und sich andererseits entwickeln. Aus den Eigenschaften und Entwicklungsmöglichkeiten erklären sich oftmals die **Konflikte**.

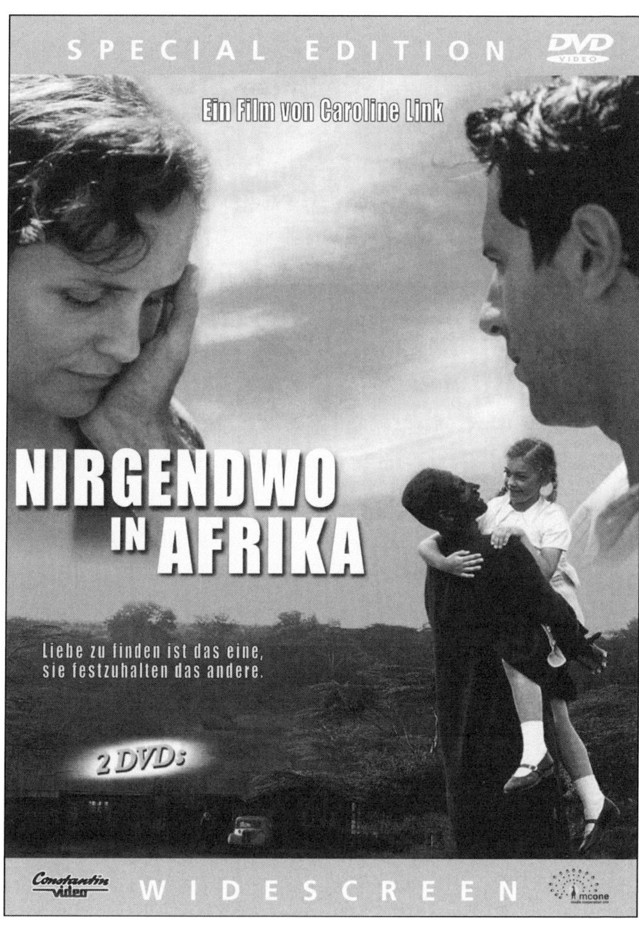

Um die Figuren in einem Film genauer charakterisieren zu können, bietet es sich zum einen an, **Steckbriefe** zu den wichtigsten Personen zu erstellen. Die wichtigsten Angaben darin sind:

- Geschlecht
- Alter
- Beruf
- Kleidung
- Hobbys
- Freunde
- Eltern
- Eigenschaften
- Verhalten

Zum anderen lassen sich die Entwicklungen von Figuren mithilfe einer **Emotionskurve** nachvollziehen, in der die wichtigen Ereignisse, die sich in einem Film(-ausschnitt) ergeben, den Gefühlen, die die Figuren zeigen könnten, gegenübergestellt werden. Je positiver die Gefühle sind, desto höher wird der Wert eingetragen.

Dramaturgie: Figurencharakterisierung

Aufgaben

1. Ihr habt einen Ausschnitt des Films „Nirgendwo in Afrika" (D 2001, Caroline Link) gesehen: Die deutsche Familie Redlich ist jüdischen Glaubens und musste vor den Nationalsozialisten nach Kenia fliehen, um der Verfolgung zu entgehen. Versuche anhand des Filmausschnitts und der Filmstills, einen Steckbrief von Jettel, Walter und Regina nach dem unten zu sehenden Muster zu erstellen. Dabei kannst du dich zum einen daran orientieren, was dir die Bilder und der Filmausschnitt über die Personen zeigen. Zum anderen kannst du auch Vermutungen anstellen, was deiner Meinung nach zu den Menschen passt, und dabei sowohl ihre Herkunft und ihre Umgebung berücksichtigen. Informationen dazu gibt es im Internet z. B. unter: www.constantin-film.de/kino/nirgendwo-in-afrika

Steckbriefe zur Figurencharakterisierung

Personensteckbrief für: ....

Geschlecht: ....

Alter: ....

Beruf: ....

Kleidung: ....

Hobbys: ....

Freunde: ....

Eltern: ....

Eigenschaften: ....

Verhalten: ....

Sonstiges: ....

2. Vergleiche deine Steckbriefe mit denen deines Nachbarn und besprecht, warum ihr möglicherweise unterschiedliche Charakterisierungen vorgenommen habt.

Dramaturgie: Figurencharakterisierung 1/2

Wenn man die Familie Redlich besser kennenlernen will, ist es hilfreich, ihre Emotionen, also ihre Gefühle, zu kennen. Wann und in welcher Situation sind sie glücklich, empfinden Freude, haben Angst, sind erregt, besorgt, traurig oder neugierig usw.? Welche Ereignisse liegen den Gefühlsveränderungen zugrunde? Diese Fragen und eine mögliche emotionale und persönliche Entwicklung der Figuren lassen sich mithilfe einer Emotionskurve beantworten bzw. nachvollziehen. Die X-Achse ist die Zeitachse, also vom Start des Filmausschnitts bis zum Ende. Dort sind die wichtigen Ereignisse angegeben, die sich im Filmausschnitt ergeben (z. B. die Ankunft in Afrika). Die Gefühle, die die Figuren zeigen könnten, sind auf der Y-Achse angegeben.

Aufgaben

1. **Zeichnet nun in die Emotionskurve jeweils den emotionalen Verlauf von Jettel, Walter und Regina im Rahmen des gesehenen Filmausschnitts ein, indem ihr dem Ereignis das jeweilige Gefühl zuordnet. Erstelle die Emotionskurve für jede Figur mit einer anderen Farbe. So lässt sich die Gefühlsentwicklung der Figuren gut gegenüberstellen. Wenn du die Emotionskurven gezeichnet hast, vergleiche sie in einer Kleingruppe mit den Ergebnissen der anderen Gruppenmitglieder.**
2. **Überlegt in eurer Kleingruppe, welche Beziehungen die einzelnen Mitglieder der Familie Redlich untereinander haben könnten. Versucht, das Verhältnis mithilfe eines Soziogramms darzustellen: Unter einem Soziogramm versteht man die grafische Darstellung der Beziehungen in einer Gruppe, wie z. B. in einer Familie. Geht von den Steckbriefen, den Emotionskurven sowie dem Filmausschnitt aus und symbolisiert die Beziehungen durch verschiedene Pfeile in unterschiedlichen Farben.**
Dabei können natürlich mehrere Pfeile zwischen den Personen gezeichnet werden, die in eine aber auch in zwei Richtungen gehen.

Beispiel:

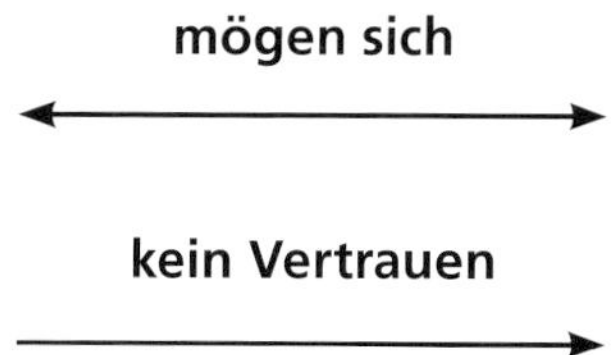

Schneidet die Figuren aus den Filmstills aus, klebt sie auf ein DIN-A3-Blatt und zeichnet darauf die Pfeile ein.

Dramaturgie: Figurencharakterisierung 2/2

Emotionskurve: Ankunft in Afrika

Ereignisse

- Streit Jettel und Walter auf Veranda
- Essen auf Veranda, Buschfeuer
- Brunnengraben
- Jettel bei der Feldarbeit, Wasserholen
- Regina trifft afrikanische Kinder
- 1. Nacht in Afrika, zu Bett gehen
- Treffen mit Süsskind, Abendessen
- Auspacken des Gepäcks mit Owour
- Erstes Zusammentreffen mit Einheimischen
- Ankunft in Kenia

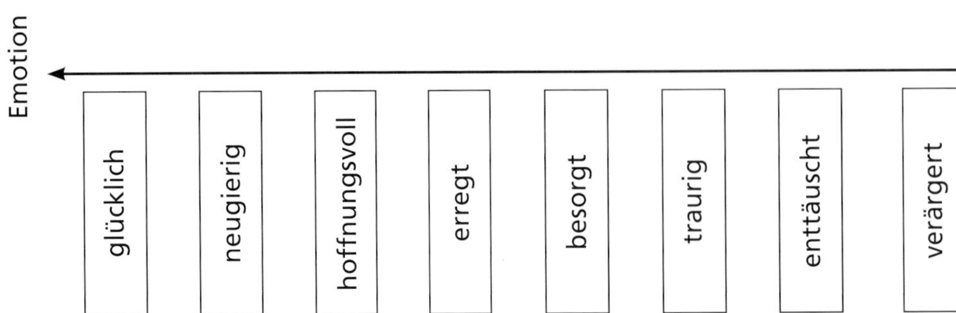

Dramaturgie: Spannungserzeugung

Länge der Unterrichtseinheit

- 3 Unterrichtsstunden

Ziele der Unterrichtsstunden

- Die Lernenden erkennen spezifische dramaturgische Merkmale einer filmischen Erzählung.
- Die Lernenden kennen den Unterschied zwischen den verschiedenen Arten der Spannungserzeugung.
- Die Lernenden analysieren einen Film in Hinblick auf den Spannungsaufbau.

Methoden und Verfahren

- Einzel-, Partner- und Gruppenarbeit
- Arbeit mit Filmstills
- Arbeit mit einem Kurzfilm

Material

- *Stunden 1+2:* Arbeitsblatt 1, Bögen mit Filmstills, Film „Die Gefährder"
- *Stunde 3:* Arbeitsblatt 2, Oberheadfolie/-projektor

Ablauf der Unterrichtsstunden

Stunden 1+2:
Der Lehrende verweist auf den Zusammenhang des Themas zur allgeneinen Dramaturgie (oder hat im Vorfeld die entsprechende Unterrichtseinheit bearbeitet). In der Klasse wird der Unterschied der verschiedenen Arten der Spannungserzeugung besprochen. Dann werden die Lernenden in Gruppen eingeteilt. Jede Gruppe bekommt eine Art der Spannungserzeugung zugeteilt (es empfiehlt sich, jeweils zwei arbeitsgleiche Gruppen zu bilden, so hat man eine Kontrollgruppe). Die Gruppen versuchen anhand der Filmstills aus dem Film „Die Gefährder" (D 2009, Hans Weingartner), die Geschichte mit der ihnen zugewiesenen Art der Spannungserzeugung zu erzählen. Die jeweiligen Ergebnisse werden anschließend im Plenum diskutiert. Den Abschluss bildet der Vergleich mit dem Film. So lassen sich die Entscheidungen des Regisseurs zur Spannungserzeugung gut nachvollziehen.

Stunde 3:
Mithilfe der Arbeitsergebnisse aus der vorherigen Doppelstunde sowie der Kenntnis des Kurzfilms erstellen die Lernenden nun in Einzelarbeit eine Spannungskurve. Sie erfassen den Spannungsverlauf des Films, indem sie einzelnen Ereignissen und Szenen eine Spannungsintensität zuweisen. Das machen sie mithilfe der Grafik. Anschließend vergleichen sie die Spannungskurve mit ihrem Nachbarn.
Im Plenum können sie dann auf einer Overheadfolie eine gemeinsame Spannungskurve entwerfen (einer der Schüler kann die Ergebnisse der Diskussion auf die Grafik übertragen).

Differenzierung

- Durch die Team- und Partnerarbeit können die Lernenden ihre jeweiligen Fähigkeiten einbringen.

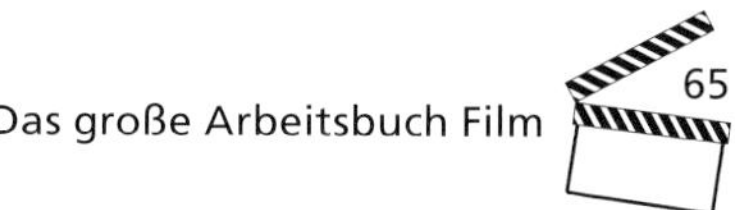

Dramaturgie: Spannungserzeugung

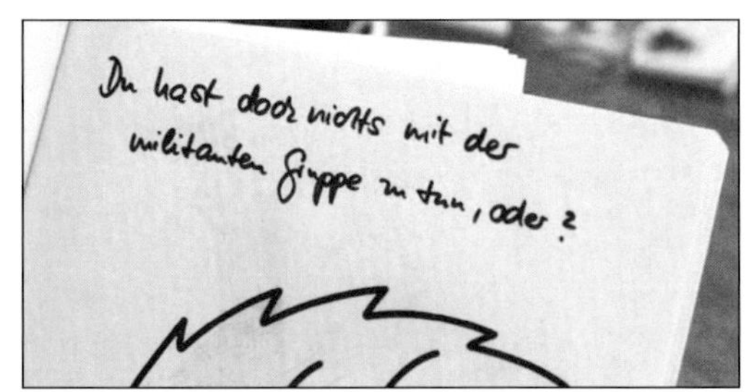

Die Gefährder

Es gibt **drei wesentliche Arten**, Spannung in einem Film zu erzeugen. Bei jeder Möglichkeit ist entscheidend, was und wie viel der Zuschauer im Verhältnis zur Hauptperson des Films weiß:

1. **Informationsgleichstand** zwischen Zuschauer und Hauptperson. Der Zuschauer weiß genauso viel wie die handelnden Figuren und kann sich deshalb besonders gut mit der Hauptperson identifizieren.
2. **Informationsdefizit** des Zuschauers gegenüber der Hauptperson. Der Zuschauer weiß hier weniger als die Filmfigur und wird deshalb immer wieder vom Verlauf der Handlung überrascht. Ein Effekt kann sein, dass der Zuschauer eine abweisende Haltung gegenüber der Hauptperson einnimmt.
3. **Informationsvorsprung** des Zuschauers gegenüber der Hauptperson. Der Zuschauer weiß mehr als die handelnden Figuren im Film. Dadurch kann er den Fortgang der Handlung und ihre Wendepunkte z. T. schon erahnen und ist so gespannt auf die Reaktion der Personen. Diese Art der Spannungserzeugung nennt man „**Suspense**".

Um den Spannungsverlauf in einer Szene oder einem ganzen Film verfolgen zu können, bietet es sich an, diesen Verlauf in einer **Spannungskurve** abzubilden. Dazu wird in einem Koordinatensystem auf der X-Achse der zeitliche Verlauf des Films abgebildet, indem die wichtigsten Ereignisse eingetragen werden. Auf der Y-Achse wird die Spannung abgebildet, je höher sie ist, desto weiter oben muss der Messpunkt liegen. Zum Schluss werden die Punkte zu einer Kurve verbunden.

Dramaturgie: Spannungserzeugung 1/2

Aufgaben

1. Setzt euch in sechs Kleingruppen zusammen. Montiert mithilfe der Filmstills aus dem Film „Die Gefährder“ (D 2009, Hans Weingartner) in eurer Gruppe eine Geschichte zusammen, die eine der drei Arten für die Spannungserzeugung nutzt. Sprecht euch so ab, dass jeweils zwei Gruppen eine Spannungsart benutzen. Schneidet dazu die Filmstills aus und legt sie in die Reihenfolge, die ihr für die passende haltet, und erfindet eine Handlung dazu. Erst wenn ihr euch in der Gruppe einig und sicher seid, klebt ihr die Filmstills auf eine Pappe, ein Plakat o. Ä. Ihr müsst dazu natürlich nicht alle Bilder benutzen. Schreibt eure Filmhandlung in Stichpunkten dazu.
2. Wenn ihr mit der Arbeit fertig seid, hängt euren Filmbogen in der Klasse auf. Erläutert euch gegenseitig die Ergebnisse. Besprecht die Ergebnisse in der Klasse.
3. Vergleicht eure Plakate mit dem „echten“ Film.

Dramaturgie: Spannungserzeugung 2/2

Dramaturgie: Spannungserzeugung

Aufgaben

Zeichne eine Spannungskurve für den Film, den du gesehen hast. Bilde auf der X-Achse den zeitlichen Verlauf des Films ab, indem du die wichtigsten Ereignisse einträgst. Auf der Y-Achse ist die Spannung abgebildet. Ordne den Ereignissen ihre jeweilige Spannung (niedrig/mittel/hoch/sehr hoch) zu. Verbinde zum Schluss die Punkte zu einer Kurve und vergleiche dein Ergebnis mit deinem Nachbarn.

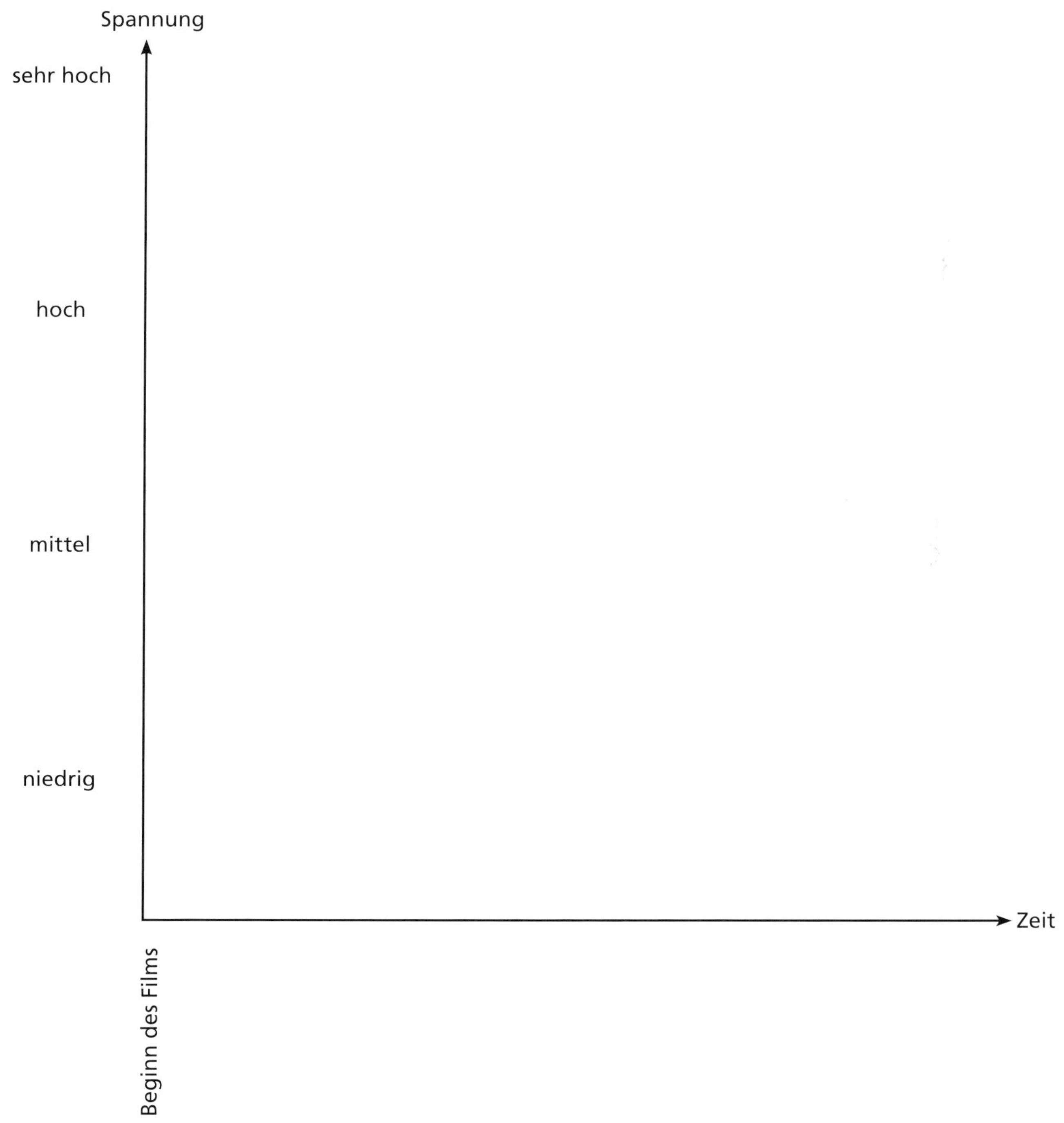

Filmgenre

Länge der Unterrichtseinheit

- 3 Unterrichtsstunden

Ziele der Unterrichtsstunden

- Die Lernenden kennen den Unterschied zwischen Gattung und Genre.
- Die Lernenden beschreiben und erkennen genretypische Merkmale.
- Die Lernenden kennen die Bedeutung genretypischer Merkmale für die Dramaturgie.

Methoden und Verfahren

- Einzel- und Gruppenarbeit
- Arbeit mit einem Filmausschnitt
- Plakatgestaltung

Material

- *Stunde 1:* Informationsblatt
- *Stunden 2 + 3:* Arbeitsblatt, Trailer „Krabat“, „Goethe“ (auf „www.youtube.com“ verfügbar), Plakatpappe/Poster o. Ä., Stifte

Ablauf der Unterrichtsstunden

Stunde 1:
Zunächst lesen die Lernenden das Informationsblatt und versuchen, den Text im Anschluss in einem übersichtlichen Schema zusammenzufassen. Dann besprechen sie ihre jeweiligen Schemata in einer Kleingruppe und fertigen ein gemeinsames Schema an, das in der Klasse diskutiert wird.

Stunden 2 + 3:
Der Lehrende zeigt den Lernenden den Trailer des Films „Krabat“ (D: 2008, Marco Kreuzpaintner). Anschließend stellt er das Aufgabenblatt vor und zeigt den Trailer erneut. Nun bearbeiten die Schüler zunächst in Einzelarbeit die Aufgaben 1–5. Anschließend besprechen die Lernenden in einer Kleingruppe ihre Ergebnisse. Auf dieser Grundlage gestalten sie dann ein Filmplakat, das sie in der Klasse aufhängen und vorstellen, indem sie ihre Überlegungen zur Gestaltung vorstellen und dabei vor allem auf die genretypischen Merkmale hinweisen.

Nun besteht die Möglichkeit, diese Plakate mit dem Originalplakat, das der Lehrende erst jetzt dazuhängt, zu vergleichen.

Differenzierung

- Bei der Kleingruppenarbeit können stärkere mit schwächeren Lernenden zusammenarbeiten. Für die Aufgaben in Stunde 1 kann auch mehr Zeit gegeben werden.
- Für höhere Jahrgangsstufen kann statt des Trailer von „Krabat“ z. B. der Trailer von „Goethe“ (D 2010, Philipp Stölzl) ausgewählt werden.

Lösung zu Arbeitsblatt 1

a) f/Spielfim/Fantasyfilm („Krabat“)
b) nf/Dokumentarfilm („Das Nikotinkartell“)
c) f/Spielfilm/Science-Fiction („Star Wars“)
d) f/Spielfilm/Liebesfilm („Leroy“)
e) nf/Fernsehbericht („Dog-Scooting“)
f) f/Spielfilm/Thriller („James Bond – Casino Royale“)

Filmgenre

Ganz allgemein kann man Filme in zwei Kategorien einteilen: Einmal gibt es Filme, die eine erfundene Handlung mit Personen haben, die von Schauspielern gespielt werden. Das sind **fiktionale** Filme. **Nicht fiktionale** Filme sind solche, die über Ereignisse berichten, die sich tatsächlich zugetragen haben, also von Tatsachen handeln.

Des Weiteren teilt man Filme in übergeordnete Kategorien, sogenannte **Gattungen** ein. Dazu gehören:

- Spielfilme
- Dokumentarfilme
- Experimentalfilme
- Nachrichtenfilme
- Werbefilme
- Propagandafilme

Die fiktionalen Filme werden zudem noch in **Genres** unterteilt. Darunter versteht man eine Gruppe von Filmen, die gemeinsame Merkmale bzw. Aspekte aufweisen. Das kann z. B. die Grundstimmung in einem Film sein (z. B. Liebesfilme), sich auf die Handlung (z. B. Thriller), den Zeitraum (z. B. Historienfilm) oder auch den Ort (z. B. Großstadtfilm) beziehen.
Häufig kommen auch Kombinationen mehrerer Merkmale in Filmen vor, sodass sich das Genre nicht eindeutig bestimmen lässt, z. B. der Film „Texas – Doc Snyder hält die Welt in Atem" (D 1993, Helge Schneider): Er hat Westernelemente, ist aber auch eine Komödie.
Nicht beachtet werden bei der Genre-Einteilung:

- technische Merkmale (z B. Stummfilm)
- Filmlänge (z. B. Kurzfilm)
- Zielgruppe (z. B. Kinderfilm)

Texas

Wichtig bei den Genres ist, dass sie sich in der Regel an bestimmte **Konventionen** halten, wie das Auftauchen bestimmter Charaktere (Revolverheld im Western), gleiche Figurenkonstellationen (Kommissar und Verbrecher im Krimi), ähnliche Schauplätze (Raumschiff im Science-Fiction-Film) oder auch bekannte Themen (Angst und Schrecken im Horrorfilm).
Diese Konventionen werden ständig wiederholt – wenn auch in verschiedenen Variationen. Dazu kommt, dass die Filme eines Genres auch in der Regel einer bestimmten **Dramaturgie** folgen. Dadurch hat der Zuschauer ein bestimmtes **Grundwissen** und kennt die **Erzählmuster** der Filme. Auf dieses Wissen kann ein Filmemacher aufbauen, wenn er z. B. Konventionen bewusst einsetzt oder diese vielleicht auch verändert, um z. B. eine komische Situation zu erzeugen (beispielsweise zeigt er den coolen Helden, der sich vor Mäusen fürchtet).

Filmgenre 1/2

Übersicht über die wichtigsten Genres und ihre Merkmale

Genre	Merkmale
Actionfilm	Verfolgungsjagd Kampfszenen, Gewalt Gut gegen Böse
Western	Revolverheld, Sheriff, Hilfssheriff, Viehdieb Indianer gegen Siedler spielt zur Zeit der Eroberung des „Wilden Westens" in Amerika (Ende des 19. Jh.) Saloon, Gefängnis, Westernstadt
Science-Fiction	spielt in der Zukunft neue, spektakuläre Technik außerirdische Welten und Wesen Bedrohung der Erde Widerspiegelung von Zukunftsängsten
Komödie	Sprachwitz Situationskomik, Slapstick humorvolle Handlung
Liebesfilm	romantische Liebe unglückliche Liebe tragisches Ende oder Happy End
Thriller	Bedrohung durch den Verbrecher Angstvisionen Umweltbedrohung
Horrorfilm	Erzeugung von Angst und Schrecken übernatürliche Bedrohung Konflikt mit der eigenen Psyche
Fantasyfilm	mystische Figuren und Symbole fantastische Handlung Gut gegen Böse aufwändige Ausstattung
Drama	Charakterprobleme psychologische Entwicklung der Hauptfiguren schwere und gefühlsmäßige Themen
Historienfilm	Handlung spielt im historischen Rahmen Ausstattung und Kostüme von großer Bedeutung monumentale Darstellung handelt oft von Intrigen und Herrschern
Abenteuerfilm	viele Schauplätze viele Handlungsstränge Held, der ein Abenteuer besteht

Filmgenre 2/2

Aufgaben

1. **Lies das Informationsblatt aufmerksam durch und fülle anschließend die Tabelle aus. Ausgangspunkt sind die inhaltlichen Beschreibungen des Films.**
   a) **Entscheide zuerst, ob es sich um einen fiktionalen oder nicht fiktionalen Beitrag handelt und um welche Gattung.**
   b) **Handelt es sich um einen Spielfilm, versuche anhand der Merkmale das Genre zu bestimmen.**

2. **Vergleiche anschließend deine Tabelle mit der deines Nachbarn und diskutiere die Unterschiede.**

Beschreibung	f*	nf*	Gattung	Genre
a) Ein Waisenjunge findet im großen Nordischen Krieg eine Arbeit als Geselle in einer Mühle. Mit der Kraft der Liebe gewinnt er den Kampf gegen dunkle Mächte.				
b) Ein Insider aus der Chefetage der US-Zigarettenindustrie packt aus und berichtet, dass sein Arbeitgeber den Tabak mit Substanzen versetzt, die das Suchtpotenzial von Nikotin weiter erhöhen.				
c) Das Imperium hat eine gigantische Raumstation mit genug Feuerkraft konstruiert, um einen Planeten zu vernichten. Doch die Allianz der Rebellen schlägt zurück.				
d) Leroy verliebt sich in Eva. Doch Leroy ist schwarz, Evas Vater Politiker einer rechtsgerichteten Partei und Evas Brüder sind Neonazis.				
e) Tom Nebel will mit seinem Hund etwas ganz Neues ausprobieren. Dog-Scooting nennt sich eine Trendsportart, die Mensch und Hund gleichermaßen fordert.				
f) Bei seinem ersten Auftrag muss der Geheimagent James dem Börsenspekulanten und Waffenhändler LeChiffre das Handwerk legen.				

*f = fiktional, nf = nicht fiktional

Filmgenre 1/2

Aufgaben

1. **Du hast gerade den Trailer zu dem Film „Krabat" gesehen. Bearbeite nun die folgenden Aufgaben:**
   a) **Beschreibe die Stimmung, die der Film bei dir auslöst, indem du entweder ein Gedicht verfasst oder ein Bild malst.**
   b) **Notiere, welche Themen und Konflikte der Film deiner Meinung nach behandelt.**
   c) **Charakterisiere die Hauptperson (Krabat). Erstelle dazu eine Liste mit positiven und negativen Eigenschaften.**
   d) **Beschreibe die Ausstattung, die Kostüme, Orte und Zeit.**
   e) **Überlege, welchem Genre du den Film zuordnen würdest, und fasse die deiner Meinung nach typischen Genreeigenschaften zusammen.**

2. **Wenn du alle Fragen beantwortet hast, diskutiere die Ergebnisse in einer Kleingruppe. Stellt dazu Gemeinsamkeiten und Unterschiede fest. Besprecht, welche Erwartungen der Filmtrailer bei euch hervorruft.**

3. **Gestaltet gemeinsam ein Plakat zu dem Film. Bezieht dabei die Ergebnisse eurer Diskussionen mit ein.**

Hinweise zur Plakatgestaltung

1. Fertigt das Plakat im Hochformat an.
2. Überlegt euch das Motiv und denkt dabei an das Genre.
3. Denkt an die wichtigsten Informationen.
4. Berücksichtigt bei der Gestaltung die Zielgruppe (Alter).
5. Starke Kontraste (Hell-Dunkel- oder Komplementärkontraste) fallen auf.
6. Dunkle Schrift auf hellem Untergrund hat eine bessere Fernwirkung.
7. Zu viele unterschiedliche Farbflächen vermeiden.
8. Ein geordnetes Layout unterstützt die Lesbarkeit und Übersichtlichkeit.

4. **Hängt euer Plakat in der Klasse auf und vergleicht es mit dem Original.**

Filmgenre 2/2

Filmplakate

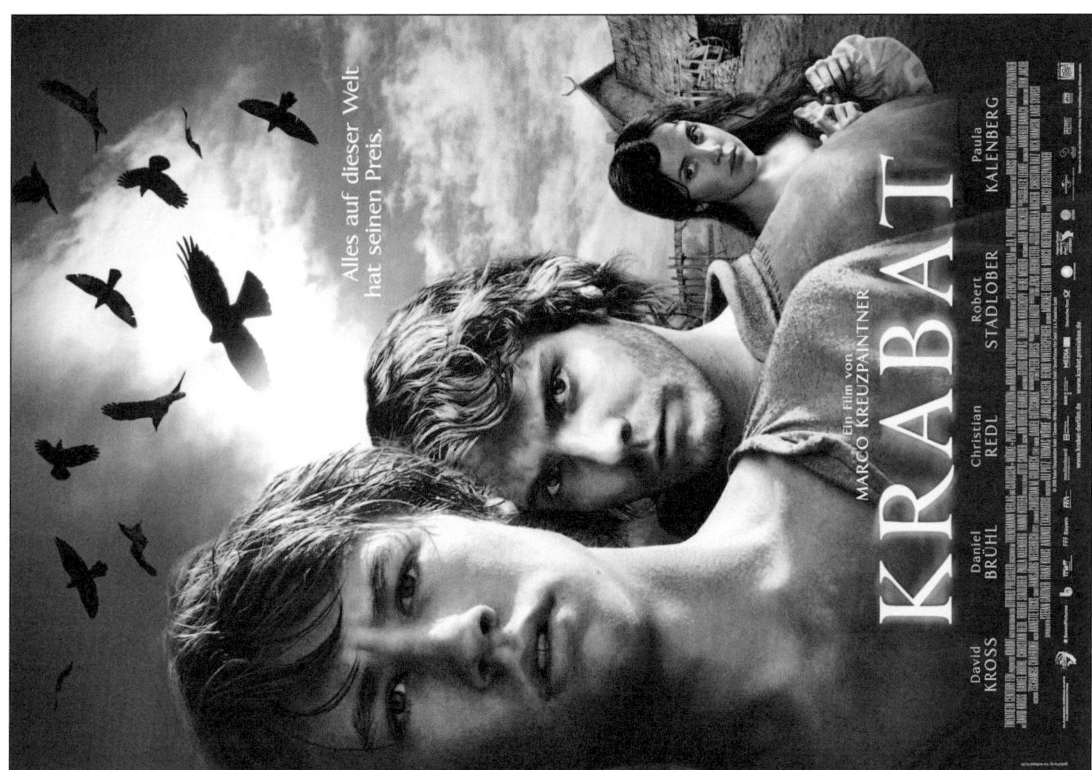

Krabat

Goethe!

Filmische Auflösung

Länge der Unterrichtseinheit

- 6 (–8) Unterrichtsstunden

Ziele der Stunden

- Die Lernenden kennen die Bedeutung der filmischen Auflösung.
- Die Lernenden können das Schuss-Gegenschuss-Prinzip (SRS) und die 180°-Regel für die filmische Auflösung von Gesprächssituationen erläutern.
- Die Lernenden können eine vorgegebene Situation in der Praxis filmisch auflösen.

Methoden und Verfahren

- Einzel-, Partner- und Gruppenarbeit
- Arbeit mit Filmstills
- Erstellen eines Storyboards
- digitale Fotografie

Material

- *Stunden 1+2:* Informations- und Arbeitsblatt 1, Schere, Pappe, Kleber, evtl. Computer, Präsentationsprogramme, VLC-Player, Beamer
- *Stunden 3+4:* Arbeits- und Informationsblätter 2+3, Karten DIN A5, Scheren, Kleber
- *Stunden 5+6:* Arbeitsblatt 5, DIN-A6-Karteikarten, 4–5 digitale Fotokameras und Speicherkarten, Überspielkabel, Fernseher/Beamer

Filmausschnitte
Infoblatt 1: **„Ein Tick anders"**
(D 2011, Andi Rogenhagen): 00:01:30 – 00:02:40 Std.

Infoblätter 2+3: **„Vincent will Meer"**
(D 2010, Ralf Huettner): 00:04:48 – 00:05:23 Std.

Arbeitsblatt 3: **„Die innere Sicherheit"**
(D 2000, Christian Petzold): 01:03:24 – 01:05:20 Std.

Ablauf der Unterrichtsstunden

Stunden 1+2:
Die Lernenden lesen das Informationsblatt 1 zur filmischen Auflösung und tauschen sich im Anschluss mit ihrem Nachbarn aus. Zur Sicherung lösen sie in Kleingruppen jeweils ein Filmstill auf (Arbeitsblatt 1) und erstellen eine Bildergeschichte, die sie auf eine Pappe aufkleben und in der Klasse präsentieren.

Stunden 3+4:
In diesen Stunden setzen sich die Lernenden anhand der Spickzettelmethode mit zwei wichtigen Regeln zur Auflösung von Gesprächssituationen auseinander: dem Schuss-Gegenschuss-Prinzip (SRS-Prinzip), erläutert auf dem Infoblatt 2, und der 180°-Regel, erläutert auf dem Infoblatt 3. Zur Überprüfung des Gelernten bearbeiten sie in Partnerarbeit zunächst Arbeitsblatt 2.
Im Anschluss daran wenden sie sich Arbeitsblatt 3 zu und versuchen dort mithilfe von Filmstills, eine mögliche Einstellungsabfolge einer Gesprächssituation aufzustellen. Die jeweiligen Ergebnisse vergleichen sie mit einer anderen Gruppe. Stellt der Lehrende während der Arbeitsphase größere Unsicherheiten fest, sollten die Ergebnisse im Plenum erörtert werden. Mit Arbeitsblatt 4 kann eine letzte Sicherung des Gelernten erfolgen.

Stunden 5+6:
In dieser Stunde sollen die Lernenden ihre erworbenen Kompetenzen, wie man eine Gesprächssituation filmisch auflöst, praktisch umsetzen. Zu einer vorgegebenen Situation zeichnen sie ein Storyboard und fotografieren die Situation anschließend mit der digitalen Fotokamera. Die Geschichte wird danach in der Klasse über einen Beamer präsentiert.

Differenzierung

- Für die Aufgabe in den Stunden 1+2 kann für höhere Jahrgangsstufen die Variante auf Arbeisblatt 1 gewählt werden (Erstellen der Bildgeschichte auf dem Computer). Möglicherweise muss dann eine weitere Stunde eingeplant werden.
- Die Aufgabe auf Arbeitsblatt 6 ist optional.
- Die praktische Aufgabe in den Stunden 5+6 ist ab Jahrgangsstufe 8 vorgesehen.

Filmische Auflösung

Beim Film werden **Geschichten mit Bildern** erzählt. Und dieses filmische Erzählen unterscheidet sich vom Erzählen mit Worten in einem Text. Beim Produzieren von Filmen macht man sich darüber Gedanken, welche Bilder man braucht, damit der Zuschauer eine Geschichte verstehen und nachvollziehen kann. Und dafür muss man das **Denken in Bildern** lernen.

Denken in Bildern bedeutet die „Bilder im Kopf" in „Bilder für die Kamera" umzusetzen. Beim Filmen wird versucht, eine Situation in verschiedene, interessante Einzelbilder aufzuteilen. Das nennt man **filmisch auflösen**. Als Beispiel dient eine Szene aus dem Film „Ein Tick anders" (D 2011, Andi Rogenhagen), in der Eva einen Molch betrachtet und ihn wieder in den See zurücksetzt.
Im ersten Bild sieht man Eva aus der Vogelperspektive im Laub sitzen.

Im zweiten erkennt man Eva in einer Großaufnahme, die interessiert einen Molch auf ihrer Hand betrachtet.

In der dritten Abbildung sieht man in der Totalen, in welcher Umgebung die Szene spielt: an einem Waldsee.

In Abbildung vier wird in einer Nahaufnahme gezeigt, wie eine Hand den Molch ins Wasser setzt.

In Bild fünf springt der Film in eine etwas totalere Einstellung zurück, in der man wieder Eva sieht, die wahrscheinlich dem Molch hinterherschaut.

Wenn im Film die gesamte Handlung nur in der totalen Einstellung (Bild 3) abgefilmt worden wäre – so, als ob die Kamera wie vor einer Theaterbühne platziert worden wäre – dann hätte man nicht erkennen können, was Eva an dem See macht.
In diesem Beispiel wird die Szene jedoch **filmisch aufgelöst**, also durch den absichtsvollen Wechsel des Kamerablickwinkels, der Einstellungsgrößen und der Kameraperspektiven in einzelne Bilder aufgeteilt. Dabei wird durch die filmische Auflösung die **menschliche Wahrnehmung** nachvollzogen. Entscheidend ist dabei, dass die Zuschauer, trotz vieler einzelner Bilder, die räumliche und zeitliche Orientierung in der gefilmten Situation behalten.

Filmische Auflösung 1/2

Eine besondere Form der filmischen Auflösung ist das **Schuss-Gegenschuss-Prinzip**. Es wird häufig verwendet, um zwei oder mehrere Personen, die ein Gespräch führen oder sich treffen, mit verschiedenen Einstellungen zu filmen. Auf Englisch heißt dieses Prinzip „shot-reverse-shot", kurz **SRS**.

Das Prinzip funktioniert nach bestimmten Regeln: Zunächst wird der **Mastershot** gefilmt, in dem die räumliche Positionierung der Personen zueinander und der Ort der Handlung zu sehen sind. In dem Beispiel aus dem Film „Vincent will Meer", sieht man zunächst Vincent und seine Therapeutin, Frau Rose, in Frau Roses Büro. Diese Einstellung wird in einer totalen oder halbtotalen Einstellung gefilmt und dient zur Orientierung des Zuschauers. Mit dem Mastershot werden für alle folgenden Einstellungen die Position und die Blickrichtung der Personen festgelegt. Man sieht, wie Frau Rose sich auf der rechten Seite im Bild an den Tisch lehnt und von rechts nach links auf Vincent hinunterschaut. Vincent sitzt auf der linken Seite des Bildes und schaut von links nach rechts zu Frau Rose hinauf.

Mastershot

Die zweite Einstellung ist eine nähere Einstellung und zeigt Vincent, der links im Bild positioniert ist. Die dritte Einstellung zeigt die Therapeutin, die eher auf der rechten Seite des Bildes zu sehen ist. Die Schuss- und Gegenschuss-Einstellungen sind in der Regel **nähere Einstellungen** (Amerikanische, Nahaufnahme, Großaufnahme).

Beim Filmen der nachfolgenden Einstellungen wird das Schuss-Gegenschuss-Prinzip weiter beachtet, indem **abwechselnd** Vincent und Frau Rose gezeigt werden. Dabei können die Einstellungsgrößen variieren.

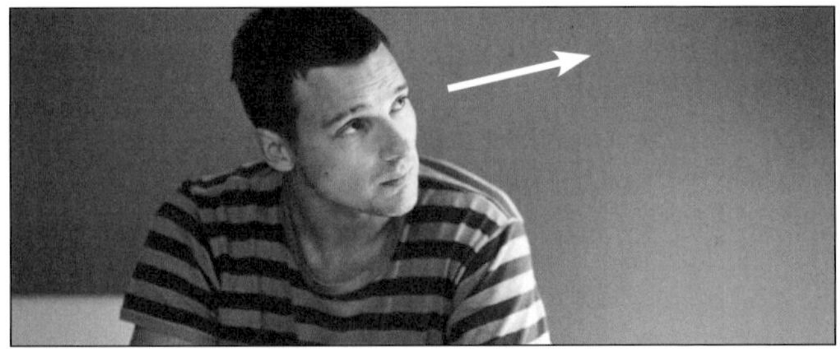

Manchmal zeigt man dabei die Person, die gerade redet, ein anderes Mal die Person, die gerade zuhört (**reaction-shot**). Zudem kann man in der Einstellung über die Schulter (**over-shoulder-Einstellung**) den Blick der einen Person auf die andere Person filmen.

Filmische Auflösung 2/2

Die einzelnen Einstellungen lassen sich beim Schnitt dann so hintereinander reihen, dass der Zuschauer das Gefühl hat, die beiden Personen sitzen und stehen sich gegenüber, unterhalten sich miteinander und schauen sich dabei an. Deshalb achten die Kameraleute darauf, dass die Position und damit die **Blickrichtung der Personen** zueinander immer gleich bleiben.

Mit dieser **Schuss-Gegenschuss-Einstellungsfolge**, die auf den Bildern zu sehen sind, lässt sich jede Gesprächssituation, auch beispielsweise ein Interview oder ein Fernseh-Studiogespräch mit Moderator und Studiogast mit mindestens zwei Personen, filmisch auflösen. Das SRS-Prinzip ist eine der wichtigsten Standardauflösungen beim Filmen und kann zur filmischen Auflösung von vielen unterschiedlichen Situationen genutzt werden: bei Begegnungen, Duellen, Verkaufsgesprächen, bei Bestellungen im Restaurant, bei Gesprächen während der Autofahrt, Lehrer-Schüler-Kommunikation in der Klasse usw.

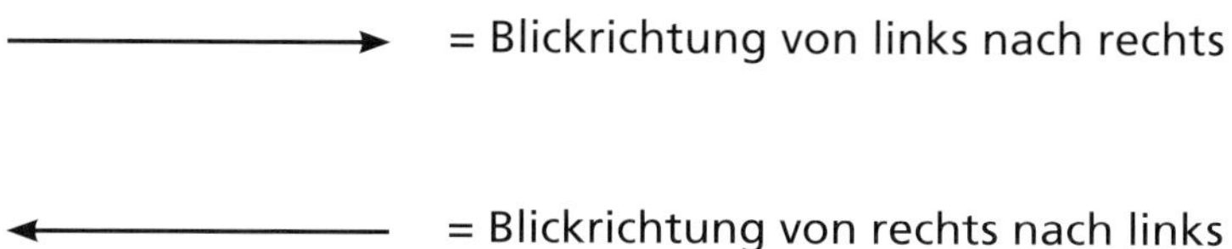

Filmische Auflösung 1/2

In den meisten Filmen gibt es Situationen, in denen sich beispielsweise zwei Personen unterhalten, treffen oder jemand etwas bei einem Verkäufer, der hinter dem Verkaufstresen steht, kauft. Alle diese Situationen lassen sich ganz einfach filmisch auflösen und der Zuschauer behält trotz wechselnder Perspektiven und Einstellungen die **räumliche Orientierung**, wenn man beim Filmen die sogenannte 180°-Regel beachtet. Dabei legt man als Kameramann zunächst die **Handlungsachse** zwischen den beiden Handelnden fest (die Linie zwischen den beiden Personen).

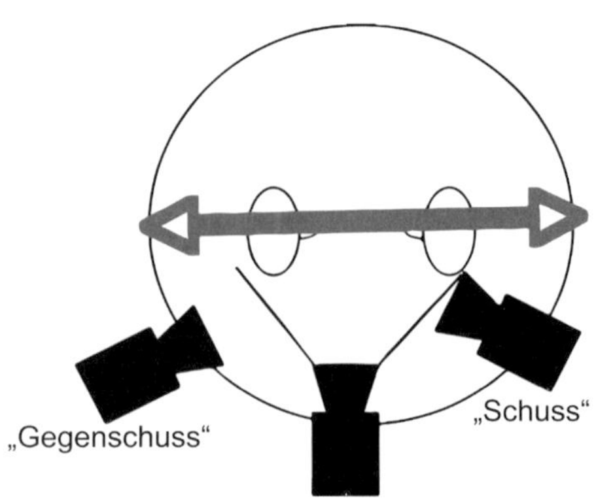

Abb 1 Handlungsachse

Die Handlungsachse ist natürlich nur in der Vorstellung der Kameraleute vorhanden. Alle Einstellungen von den beiden handelnden Personen werden ab jetzt nur noch von einer Seite der **gedachten** Handlungsachse gefilmt.

Mit folgender Einstellungsfolge lässt sich beispielsweise ein Gespräch filmisch auflösen: Zuerst filmt man den **Mastershot**, der einen Überblick über die gesamte Situation zeigt und die räumliche Positionierung der beiden Personen zueinander festlegt (wer steht/sitzt auf welcher Seite des Bildes?). Dazu nimmt man häufig eine Totale oder Halbtotale Einstellungsgröße. Das vorliegende Beispiel aus „Vincent will Meer" zeigt Vincent und Frau Rose, seine Therapeutin, in ihrem Büro. Frau Rose lehnt an der rechten Seite des Tisches und schaut von rechts nach links auf Vincent hinunter, Vincent sitzt auf der linken Seite des Bildes und schaut von links nach rechts zu Frau Rose hinauf. Damit werden die **Position und die Blickrichtung** der Personen in allen folgenden Einstellungen festgelegt.

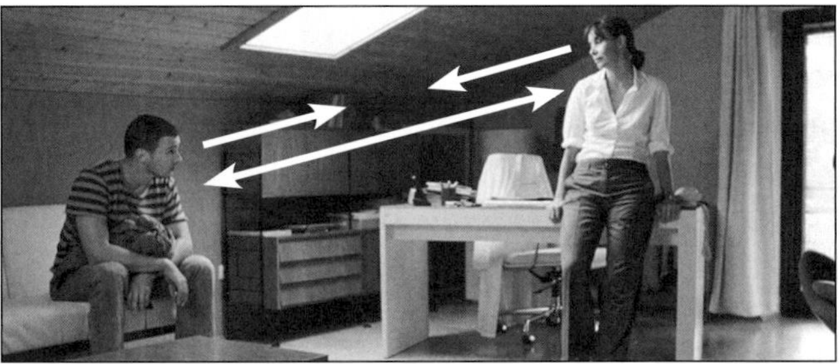
Mastershot

Die zweite Einstellung ist eine nähere Einstellung und zeigt Vincent, der auf der linken Seite des Bildes sitzt, also links im Bild positioniert ist. Die dritte Einstellung zeigt die Therapeutin, die eher auf der rechten Seite des Bildes zu sehen ist.

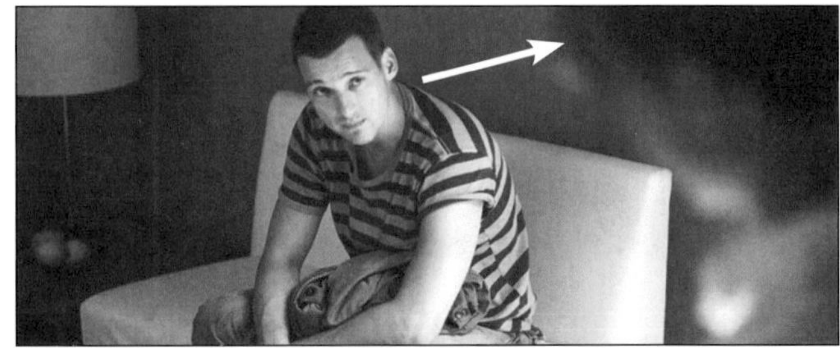

Die Schuss- und Gegenschuss-Einstellungen sind in der Regel nähere Einstellungen (Amerikanische, Nahaufnahme, Großeinstellung). Mit diesen drei Einstellungen lässt sich jede Gesprächssituation, beispielsweise ein Interview oder ein Streitgespräch mit mindestens zwei Personen, **filmisch auflösen**.
Dabei achten die Kameraleute auf die Handlungsachse, indem sie alle Kamerapositionen in einem 180°-Radius auf derselben Seite der Handlungsachse, die mit dem Mastershot festgelegt wird, filmen.

Filmische Auflösung 2/2

Die einzelnen Einstellungen lassen sich beim Schnitt dann so hintereinanderreihen, dass der Zuschauer das Gefühl hat, die beiden Personen sitzen sich gegenüber, unterhalten sich miteinander und schauen sich dabei an.

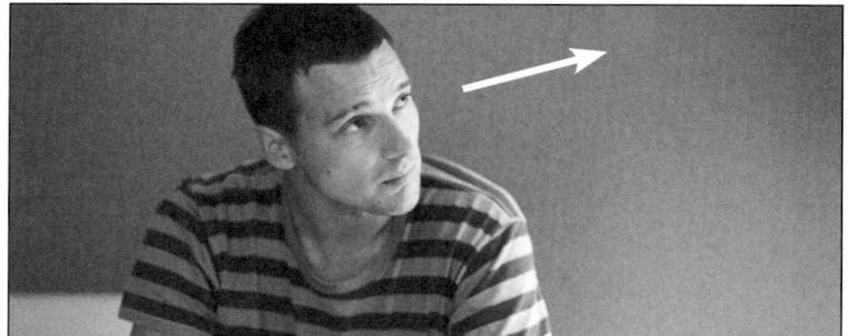

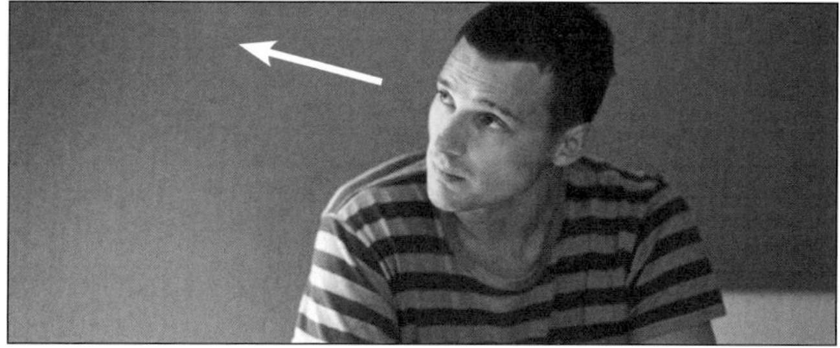

Achsensprung

Mastershot

Wenn die Kameraleute allerdings von einer Position auf der anderen Seite der Handlungsachse filmen, dem sogenannten Achsensprungbereich, wären die Zuschauer irritiert und würden die räumliche Orientierung verlieren. Das sieht man an dem folgenden Beispiel: Vincent sitzt „plötzlich" auf der rechten Seite und schaut, wie Frau Rose, von rechts nach links. Der Zuschauer hätte das Gefühl, die beiden schauen aneinander vorbei, anstatt dass sie sich ansehen, wie es der Mastershot vorgibt.

Dieses Phänomen nennt man **Achsensprung**, weil die Kamera über die Handlungsachse „springt".

Filmische Auflösung

Aufgabe

Legt mithilfe eines Filmstills des Films „Vorstadtkrokodile“ fünf Bildausschnitte fest, bringt sie in eine Reihenfolge und erzählt so eine Bildergeschichte.

a) Zunächst zeichnet jeder für sich fünf Bildausschnitte aus dem Filmstill, mit denen man eine Geschichte erzählen könnte. Alle Ausschnitte müssen im Querformat sein. Sie können unterschiedlich groß sein.

b) Überlegt nun zusammen, wie ihr aus euren Ideen eine gemeinsame macht. Wählt die fünf besten Ausschnitte aus, schneidet sie aus und bringt sie in eine sinnvolle Reihenfolge. Klebt sie anschließend auf eine Pappe, die ihr dann den anderen Gruppen präsentiert.

Achtung: Das erste Bild ist auf jeden Fall das vollständige Ausgangsbild, die Totale.

Variante

**Übertragt euer Ergebnis auf den Computer, indem ihr einen Filmstill mithilfe der snapshot-Funktion des vlc-Players erstellt oder die Vorlage einscannt und in ein Präsentationsprogramm importiert. Kopiert die Seite/Folie zunächst 6-mal.
Auf der ersten Seite lasst ihr das Ausgangsbild, die Totale, stehen. Dann schneidet ihr auf den nächsten fünf Seiten mit dem Auswahlwerkzeug jeweils einen der ausgewählten Bildausschnitte aus („Bild formatieren“ und „zuschneiden“) und bringt den Ausschnitt auf dieselbe Breite von 5–6 cm.
Anschließend könnt ihr eure fertige Bildergeschichte in der Klasse präsentieren und eure Entscheidungen für die Geschichte begründen.**

 © Verlag an der Ruhr | Autorin: Ines Müller-Hansen | ISBN 978-3-8346-2513-7 | www.verlagruhr.de

Filmische Auflösung

Aufgaben

1. Lies dir deinen Informationstext zum Schuss-Gegenschuss-Prinzip *oder* zur 180°-Regel durch und markiere die wichtigsten Schlüsselbegriffe im Text mit einem Textmarker.
2. Schreibe dann zehn Begriffe aus dem Text auf die Vorderseite einer DIN-A5-Karteikarte. Außerdem kannst du so viele Zeichnungen und Symbole, wie du möchtest, zur Erklärung des Textes auch auf die Vorderseite der Karteikarte zeichnen.
3. Suche dir einen Partner. Erklärt euch mithilfe der Spickzettel gegenseitig die Inhalte des Textes.
4. Ergänzt zur Überprüfung folgendes Schaubild:
   a) Zeichne die Handlungsachse am Beispiel von zwei Personen ein.
   b) Kennzeichne dabei den eventuellen Achsensprungbereich farbig.
   c) Zeichne mindestens drei „richtige" Kamerapositionen ein: Mastershot, Schuss, Gegenschuss (Wo muss die Kamera stehen? Und wer ist auf dem Bild zu sehen?).

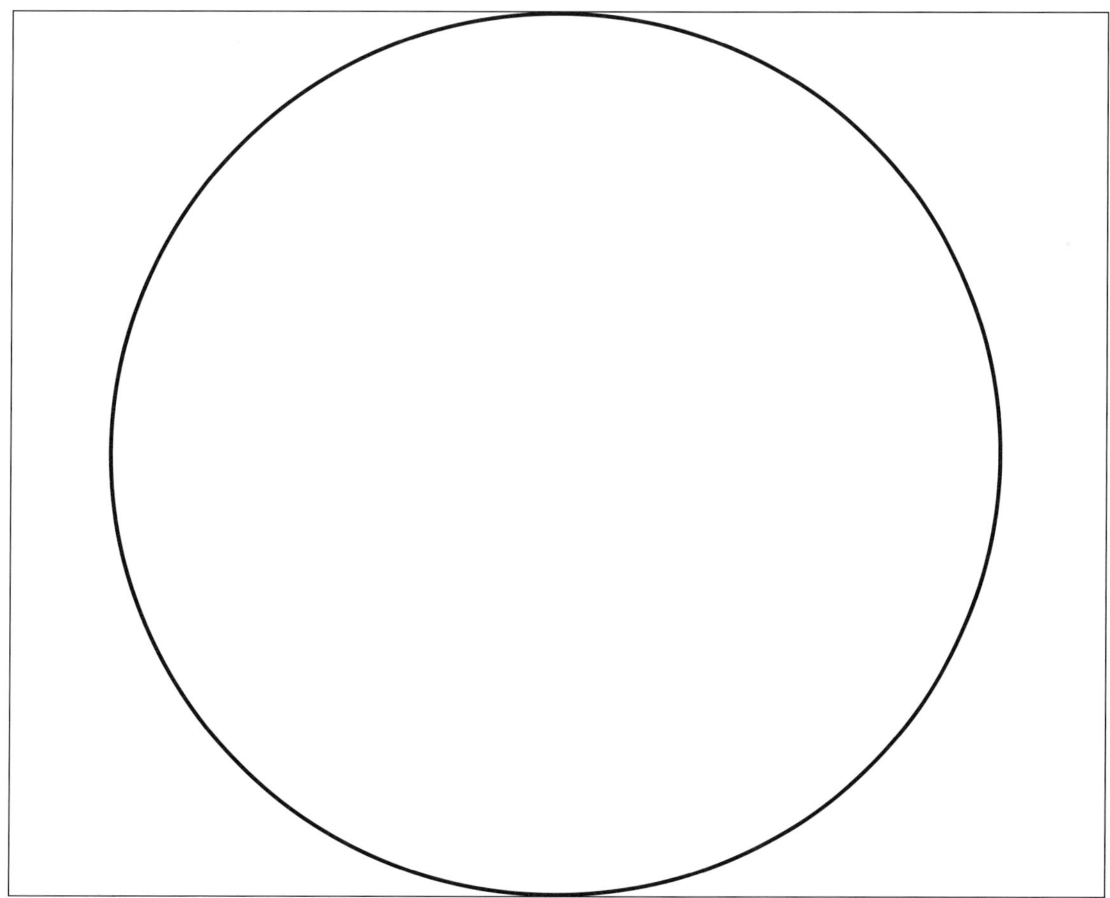

   d) Vergleicht eure Ergebnisse mit denen aus den anderen Gruppen.

Filmische Auflösung

Aufgabe

Schneidet die Filmstills aus und klebt eine mögliche Einstellungsabfolge der Gesprächssituation aus dem Film „Die innere Sicherheit" auf.

Filmische Auflösung

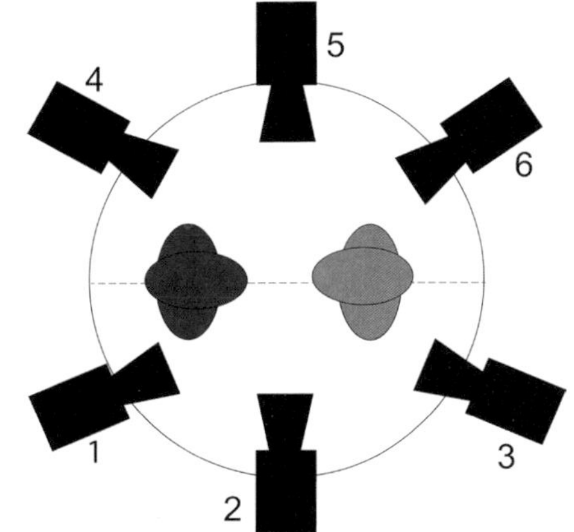

Aufgabe

Um die Aufgaben zu lösen, musst du dich in die Rolle des Kameramanns hineinversetzen. Trage in den Kasten unter dem Filmstill die jeweils richtige Kameraposition 1–6 an.

☐

☐

☐

☐

☐

☐

Filmische Auflösung

Aufgaben

Setzt euer Wissen über die filmische Auflösung in einer kurzen Geschichte praktisch um.

a) Lies dir folgende Gesprächssituation durch. Überlege dir zunächst allein sechs Bilder, in denen die Situation interessant und spannend filmisch aufgelöst werden kann.

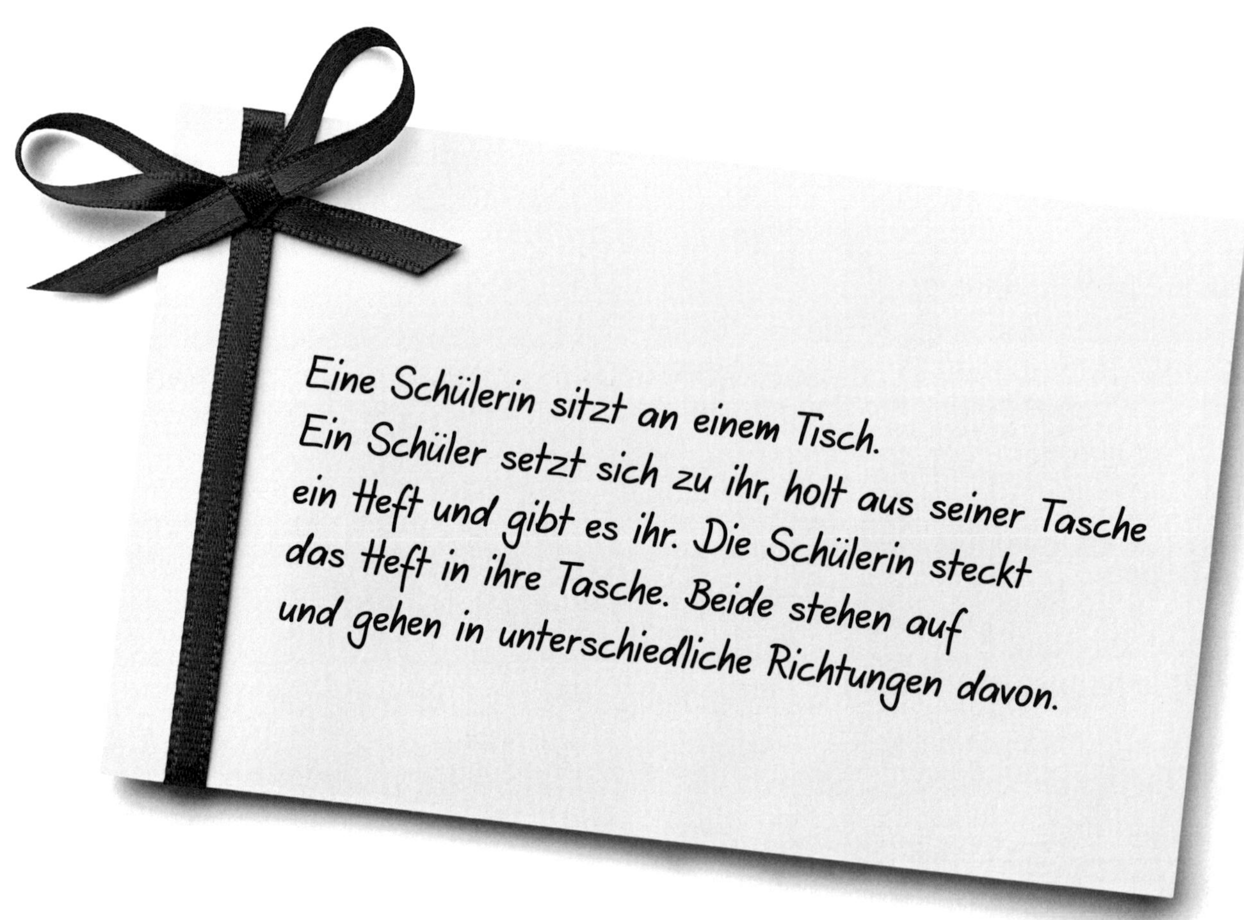

b) Zeichne deine Bilder als Storyboard im Querformat auf Karteikarten. Nutze pro Bild eine Karteikarte.

c) Setzt euch in Kleingruppen zusammen. Präsentiert euch in der Gruppe eure Storyboards und wählt die sechs Einstellungen aus, die euch am geeignetsten erscheinen, um die Gesprächssituation für den Zuschauer nachvollziehbar darzustellen.

d) Fotografiert die Gesprächssituation in sechs Bildern und orientiert euch dabei an eurem Storyboard. Druckt die Bilder aus und klebt sie zu einer Geschichte zusammen.

Achtung: Fotografiert nur im Querformat!

e) Stellt euch gegenseitig eure Ergebnisse vor.

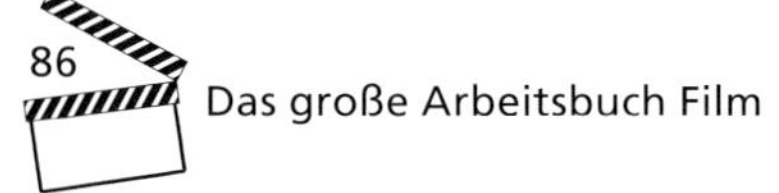

Montage 1/2

Länge der Unterrichtseinheit

- 5 (–7) Unterrichtsstunden

Ziele der Stunden

- Die Lernenden kennen die Bedeutung der Reihenfolge von Bildern für die Aussageabsicht eines Films.
- Die Lernenden erläutern verschiedene Montageformen.
- Die Lernenden kennen und beschreiben die dramaturgische Funktion und Wirkung der Montage im Film.

Methoden und Verfahren

- Einzel-, Partner- und Gruppenarbeit
- Arbeit mit Filmstills
- Arbeit mit Filmsequenzen
- digitale Fotografie
- Videoproduktion (inkl. digitaler Videoschnitt)
- Storyboarding

Material

- *Stunden 1+2:* Arbeitsblatt 1, digitale Fotokameras mit Speicherkarten, Computer mit Präsentationsprogramm, Beamer
- *Stunden 3+4:* Infoblätter und Arbeitsblatt 2 digitale Fotokameras mit Speicherkarten oder Videokameras, Computer mit Präsentationsprogramm oder Videoschnittprogramm, Beamer
- *Stunde 5:* Arbeitsblatt 3, Scheren und wieder lösbarer Kleber, DIN-A0-Pappen
- *Stunden 6+7:* Arbeitsblatt 4, DIN-A6-Karteikarten, Bleistifte, digitale Fotokameras mit Speicherkarten, Computer mit Präsentationsprogramm, Beamer

Ablauf der Unterrichtsstunden

Stunden 1+2:
Die Lernenden lesen zunächst in Einzelarbeit das Arbeitsblatt zum Kuleshov-Effekt und tauschen sich mit ihrem Nachbarn darüber aus. Anschließend probieren sie, den Kuleshov-Effekt selbst herzustellen, indem sie eine Fotoserie erstellen. Sie sollen das Gesicht eines Mitschülers in Großaufnahme fotografieren, sodass man den Hintergrund nicht erkennen kann. Der Mitschüler sollte „neutral" schauen, also nicht lachen oder seine Mimik verändern. Dann sollen die Lernenden drei verschiedene Motive fotografieren, die jeweils eine andere Aussage und Wirkung in Kombination mit dem Foto des Mitschülers haben könnten.
Alle Bilder werden in ein Präsentationsprogramm (z. B. PowerPoint) importiert. Die drei unterschiedlichen Folien werden nacheinander in der Klasse präsentiert. Die anderen Schüler äußern sich zu den unterschiedlichen Bedeutungen: Was denkt wohl die Person auf dem Foto?
Alternativ könnten die Teams die Fotos im Format 9x12 cm ausdrucken und jeweils zwei dann zur Präsentation auf eine Pappe kleben.

Stunden 3+4:
Die Lernenden lesen zunächst in Einzelarbeit die Arbeitsblätter zu jeweils einer Montageform (insgesamt gibt es vier verschiedene Arbeitsblätter). Es bilden sich dann Gruppen zu je einer Montageform, die ein Lernplakat erstellen. Zur Sicherung setzen die Lernenden eine vorgegebene Situation, die typisch für ihre Montageform ist, in der Praxis um. Dazu können sie filmen oder fotografieren.

Montage 2/2

Stunde 5:
Zur Vertiefung beschäftigen sich die Lernenden mit der Dramaturgie der Montage. Dazu schneiden sie in Partnerarbeit die 16 Filmstills „Amrumer Brut" auf den beiden Arbeitsblättern aus und kleben (mit wieder lösbarem Kleber) 12 Filmstills in einer dramaturgisch sinnvollen Reihenfolge auf eine große, schwarze Pappe. Dann werden die Pappen auf Tische gelegt und die Lernenden vergleichen ihre Ergebnisse. Die Montage wird sich hinsichtlich der erzählten Geschichte unterscheiden. Vergleichende Fragen könnten sein: „Mit welchem Bild beginnt die Sequenz?", „Welche Bilder braucht man, um die Geschichte für den Zuschauer zu erzählen?", „Welches ist das letzte Bild?" usw.

Stunde 6+7:
In diesen Stunden sollen die Lernenden Bilder produzieren und kombinieren, die nur im filmischen Raum existieren: Im ersten Bild schaut z.B. eine Person aus dem Fenster. Im zweiten Bild sieht man dann eine Parklandschaft, obwohl der reale Blick aus dem Fenster einen Hinterhof zeigen würde. Oder eine Person geht durch die Tür in ein Haus hinein und im nächsten Bild sehen wir sie eine Treppe hochsteigen, die sich eigentlich in einem anderen Gebäude befindet. Die Lernenden sollen sich in Kleingruppen fünf solcher Situationen überlegen und recherchieren. Zunächst scribbeln sie jedes Bild auf eine DIN-A6-Karteikarte. Die Karten dienen als Mini-Storyboard zur Vorbereitung der Bildproduktion mit Foto- oder Videokamera. Die Bilder werden anschließend in der Klasse präsentiert. Mit dieser Übung sollen die Lernenden für die Konstruktion von Realitäten im Film sensibilisiert werden.

Differenzierung

- Die erste Aufgabe ist von höheren Jahrgangsstufen möglicherweise auch in einer Stunde zu lösen.
- In der Doppelstunde 3+4 könnten nur die Situationen vom Lehrenden vorgegeben werden, ohne die jeweilige Montageform zu nennen. Die Lernenden hätten dann die Aufgabe, die jeweils passende Montageform auszuwählen.
- Bei der Partnerarbeit in Stunde 5 kann ein schwächerer mit einem stärkeren Lernenden zusammenarbeiten.
- Die Aufgabe für die Stunden 6+7 ist als besondere Möglichkeit gedacht, sich noch intensiver mit der Montage zu beschäftigen (z.B. für die älteren Jahrgänge).

Montage 1/2

Beschreibende Montage

Beim Film werden Geschichten mit Bildern erzählt. Die einzelnen Bilder (= Einstellungen) werden im Schnitt in einer nach dramaturgischen Gesichtspunkten ausgewählten Abfolge aneinandergesetzt bzw. montiert. Deshalb nennt man das Filme-Schneiden auch **Montage**. Es gibt unterschiedliche Montageformen und viele Möglichkeiten, die Einstellungen miteinander zu kombinieren und zu verbinden. Das hängt davon ab, wie und mit welcher Absicht ein Regisseur die Geschichte erzählen will.

Man kann natürlich nur die Bilder zusammenschneiden, die bei der Produktion eines Films auch gedreht wurden. Deshalb machen sich der Regisseur und die Kameraleute schon vor den Dreharbeiten darüber Gedanken, welche Bilder man braucht, damit der Zuschauer eine Geschichte **verstehen** kann. Sie überlegen und planen genau, welche Einstellungen tatsächlich gedreht werden sollen und in welcher **Abfolge** die einzelnen Bilder dann anschließend im Schnitt zusammenmontiert werden sollen. Dabei muss man berücksichtigen, dass die einzelnen Bilder schon beim Drehen des Films als eine Abfolge gedacht werden. Das ist wichtig, denn Aussage und Wirkung verändern sich durch die Kombination der Bilder im Schnitt: Es gibt zu jedem Bild immer eine **Bild-Bild-Kombination** mit einem Bild davor und eine Bild-Bild-Kombination mit einem Bild danach.
Beim Schnitt wird dann die endgültige Reihenfolge und Kombination der Bilder sowie das Timing, d. h. wie lange die Einstellungen zu sehen sein sollen, festgelegt. Man kann beim Schnitt das **Tempo** des Films beeinflussen, indem man die Einstellungsdauer durch den Schnittrhythmus variiert. So kann ein Film mit langen, statischen Einstellungen eher ein Gefühl von Ruhe vermitteln und im Gegensatz dazu ein Film durch schnelle Schnitte hektisch und dynamisch wirken.

Schnittdramaturgisch gibt es viele Möglichkeiten, eine Geschichte zu erzählen. Z. B. verläuft die Handlung entweder chronologisch oder mit Rück- und Vorblenden, man kann mehrere Handlungsstränge parallel erzählen und durch **Parallelmontage** miteinander verbinden usw. Damit erfüllen die verschiedenen Montageformen unterschiedliche Funktionen, denn der Schnitt beeinflusst die **Wahrnehmung des Zuschauers** und spielt für die Bedeutungsbildung und Aussageabsicht eine zentrale Rolle.

Die **beschreibende Montage** ist eine Montageform, mit der man Orte, Landschaften und Situationen im Film darstellen kann, wenn **keine Handlung** im Vordergrund steht. Dabei wird der Ort in verschiedenen Einstellungen gefilmt, sodass man als Zuschauer einen ausführlichen Eindruck und **Überblick** über den Ort erhält. Eine beschreibende Montage sieht man häufig am Anfang eines Films oder wenn der Handlungsort wechselt, oft verbunden mit totaleren Einstellungen, damit sich der Zuschauer **räumlich und zeitlich orientieren** kann.

Montage 2/2

Im Film „Emil und die Detektive" (D 2000, Franziska Buch), aus dem die hier gezeigten Bilder stammen, werden zu Beginn des Films Landschaftsaufnahmen der Ostseeküste gezeigt, an der Emil mit seinem Vater in einem kleinen Ort lebt. Am Ende der beschreibenden Montage sieht man Emil, wie er mit seinem Vater am Strand einen Drachen steigen lässt.

Die beschreibenden Landschaftsaufnahmen **charakterisieren** Emils Heimat und damit auch ihn als einen Jungen, der vom Land kommt und der sich im Laufe des Films in der Großstadt Berlin zurechtfinden muss. Durch die beschreibende Montage werden hier verschiedene **Ortswechsel** vollzogen und miteinander verbunden. Das sind auch Orte, die weit auseinander liegen oder nur im filmischen Raum existieren. Sie unterstützen so die Aussage des Filmanfangs.

Die beschreibende Montage wird sehr häufig in dokumentarischen Filmen eingesetzt, um Situationen und **Orte mit Bildern zu veranschaulichen**. Dabei werden die einzelnen Einstellungen im Schnitt nicht einfach willkürlich aneinandergereiht, sondern die Reihenfolge der Bilder folgt dramaturgischen Entscheidungen: Mit welchem Bild beginnt und endet der Film? Welche Ausschnitte der Wirklichkeit werden in welcher Reihenfolge aneinandermontiert? Welche Bedeutung erhalten so die Bild-Bild-Kombinationen?

Montage 1/2

Elliptische Montage

Beim Film werden Geschichten mit Bildern erzählt. Die einzelnen Bilder (= Einstellungen) werden im Schnitt in einer nach dramaturgischen Gesichtspunkten ausgewählten Abfolge aneinandergesetzt bzw. montiert. Deshalb nennt man das Filme-Schneiden auch **Montage**. Es gibt unterschiedliche Montageformen und viele Möglichkeiten, die Einstellungen miteinander zu kombinieren und zu verbinden. Das hängt davon ab, wie und mit welcher Absicht ein Regisseur die Geschichte erzählen will.

Man kann natürlich nur die Bilder zusammenschneiden, die bei der Produktion eines Films auch gedreht wurden. Deshalb machen sich der Regisseur und die Kameraleute schon vor den Dreharbeiten darüber Gedanken, welche Bilder man braucht, damit der Zuschauer eine Geschichte **verstehen** kann. Sie überlegen und planen genau, welche Einstellungen tatsächlich gedreht werden sollen und in welcher **Abfolge** die einzelnen Bilder dann anschließend im Schnitt zusammenmontiert werden sollen. Dabei muss man berücksichtigen, dass die einzelnen Bilder schon beim Drehen des Films als eine Abfolge gedacht werden. Das ist wichtig, denn Aussage und Wirkung verändern sich durch die Kombination der Bilder im Schnitt: Es gibt zu jedem Bild immer eine **Bild-Bild-Kombination** mit einem Bild davor und eine Bild-Bild-Kombination mit einem Bild danach.
Beim Schnitt wird dann die endgültige Reihenfolge und Kombination der Bilder sowie das Timing, d.h. wie lange die Einstellungen zu sehen sein sollen, festgelegt. Man kann beim Schnitt das **Tempo** des Films beeinflussen, indem man die Einstellungsdauer durch den Schnittrhythmus variiert. So kann ein Film mit langen, statischen Einstellungen eher ein Gefühl von Ruhe vermitteln und im Gegensatz dazu ein Film durch schnelle Schnitte hektisch und dynamisch wirken.

Schnittdramaturgisch gibt es viele Möglichkeiten, eine Geschichte zu erzählen. Z.B. verläuft die Handlung entweder chronologisch oder mit Rück- und Vorblenden, man kann mehrere Handlungsstränge parallel erzählen und durch **Parallelmontage** miteinander verbinden usw. Damit erfüllen die verschiedenen Montageformen unterschiedliche Funktionen, denn der Schnitt beeinflusst die **Wahrnehmung des Zuschauers** und spielt für die Bedeutungsbildung und Aussageabsicht eine zentrale Rolle.

Durch die **elliptische Montage** kann man **Handlungsabläufe zusammenfassen**: Ereignisse, die in der realen Zeit (der im Film erzählten Zeit) beispielsweise mehrere Tage lang dauern, können im Film in nur wenigen Minuten dargestellt werden, indem man Teile der Handlung weglässt und sie so **zeitlich verdichtet** (Erzählzeit).

Im Film „Die innere Sicherheit" (D 2000, Christian Petzold) fahren Jeanne und ihre Eltern im Auto von Portugal, wo sie im Untergrund leben und fast entdeckt worden sind, zurück nach Deutschland. Ihre Reise wird im Film nicht in **allen Einzelheiten** gezeigt, es soll also nicht der komplette Verlauf ihres Weges filmisch dokumentiert werden. Deshalb werden nur einige Einstellungsfolgen von **ausgewählten Stationen und Situationen** auf dem Weg gezeigt und dann im Schnitt so aneinandermontiert, dass die Orts- und Zeitwechsel für den Zuschauer nachvollziehbar sind.

Montage 2/2

Bezogen auf das Filmbeispiel sieht man in der ersten Einstellung, dass sich die Familie in Portugal auf den Weg macht. In der nächsten Einstellung ist einige Zeit vergangen, denn sie sind bereits im Dunkeln unterwegs in Richtung Norden.

Nach einer Fahrt durch einen Tunnel sehen wir das Auto der Familie an einem Flussufer in Deutschland parken (Deutschlandfahne, EU-Fahne).

Durch den **Schnitt** werden hier verschiedene Orts- und Zeitwechsel vollzogen, bis die Familie in der letzten Einstellung dieser Sequenz bei ihrem (alten) Freund Achim im Wohnzimmer sitzt – also am Ziel angekommen ist.

Wenn so die **räumliche und zeitliche Orientierung** ermöglicht wird, können die Zuschauer die Einstellungen und auch das Nichtgezeigte in Gedanken zu einer Handlungsfolge miteinander verbinden. Mit dem Schnitt können sogar Jahre oder Jahrhunderte und Orte, die weit auseinander liegen oder nur im filmischen Raum existieren, **miteinander verbunden** werden.

Montage 1/2

Kontinuitätsmontage

Beim Film werden Geschichten mit Bildern erzählt. Die einzelnen Bilder (= Einstellungen) werden im Schnitt in einer nach dramaturgischen Gesichtspunkten ausgewählten Abfolge aneinandergesetzt bzw. montiert. Deshalb nennt man das Filme-Schneiden auch **Montage**. Es gibt unterschiedliche Montageformen und viele Möglichkeiten, die Einstellungen miteinander zu kombinieren und zu verbinden. Das hängt davon ab, wie und mit welcher Absicht ein Regisseur die Geschichte erzählen will.

Man kann natürlich nur die Bilder zusammenschneiden, die bei der Produktion eines Films auch gedreht wurden. Deshalb machen sich der Regisseur und die Kameraleute schon vor den Dreharbeiten darüber Gedanken, welche Bilder man braucht, damit der Zuschauer eine Geschichte **verstehen** kann. Sie überlegen und planen genau, welche Einstellungen tatsächlich gedreht werden sollen und in welcher **Abfolge** die einzelnen Bilder dann anschließend im Schnitt zusammenmontiert werden sollen. Dabei muss man berücksichtigen, dass die einzelnen Bilder schon beim Drehen des Films als eine Abfolge gedacht werden. Das ist wichtig, denn Aussage und Wirkung verändern sich durch die Kombination der Bilder im Schnitt: Es gibt zu jedem Bild immer eine **Bild-Bild-Kombination** mit einem Bild davor und eine Bild-Bild-Kombination mit einem Bild danach.
Beim Schnitt wird dann die endgültige Reihenfolge und Kombination der Bilder sowie das Timing, d. h. wie lange die Einstellungen zu sehen sein sollen, festgelegt. Man kann beim Schnitt das **Tempo** des Films beeinflussen, indem man die Einstellungsdauer durch den Schnittrhythmus variiert. So kann ein Film mit langen, statischen Einstellungen eher ein Gefühl von Ruhe vermitteln und im Gegensatz dazu ein Film durch schnelle Schnitte hektisch und dynamisch wirken.

Schnittdramaturgisch gibt es viele Möglichkeiten, eine Geschichte zu erzählen. Z. B. verläuft die Handlung entweder chronologisch oder mit Rück- und Vorblenden, man kann mehrere Handlungsstränge parallel erzählen und durch **Parallelmontage** miteinander verbinden usw. Damit erfüllen die verschiedenen Montageformen unterschiedliche Funktionen, denn der Schnitt beeinflusst die **Wahrnehmung des Zuschauers** und spielt für die Bedeutungsbildung und Aussageabsicht eine zentrale Rolle.

Mit der **Kontinuitätsmontage** werden Handlungsabläufe und Szenen so geschnitten, dass der Schnitt für den Zuschauer **unsichtbar** bleibt, er ihn also **nicht bewusst** wahrnimmt. Die Einstellungen werden so aneinandergereiht, dass die **Kontinuität der Handlung** erhalten bleibt.

Die Stills aus dem Film „Goethe!" (D 2009, Phillip Stölzl) zeigen in verschiedenen Einstellungen einen Dichter, der ein Gedicht vor Publikum vorträgt. Die Einstellungen sind in verschiedenen Einstellungsgrößen und aus unterschiedlichen Blickwinkeln und Perspektiven gedreht. Trotz wechselnder Einstellungen behält der Zuschauer die **räumliche und zeitliche Orientierung** über die Situation und nimmt sie als **Handlungsabfolge** wahr.

Montage 2/2

Beim Schnitt wird hier abwechselnd auf den Dichter, dann auf das Publikum und auf Goethe und seine Freunde geschnitten, die den Vortrag „stören".

Die zwei Einstellungen aus dem Film „Vincent will Meer" zeigen eine besondere Variante der Kontinuitätsmontage: Vincents Aussteigen aus einem Auto in der Totalen Einstellung wird in der Nahen Einstellung (einem sogenannten **Ransprung**) fortgesetzt, indem genau in die Bewegung geschnitten wird.

Um einen Film als Kontinuitätsmontage schneiden zu können, müssen die im Film gezeigten Situationen in verschiedene Einstellungen **filmisch aufgelöst** werden. Dabei werden die Einstellungsgrößen, die Kameraperspektiven und Blickwinkel variiert, um die Handlung interessanter zu inszenieren.

Montage 1/2

Parallelmontage

Beim Film werden Geschichten mit Bildern erzählt. Die einzelnen Bilder (= Einstellungen) werden im Schnitt in einer nach dramaturgischen Gesichtspunkten ausgewählten Abfolge aneinandergesetzt bzw. montiert. Deshalb nennt man das Filme-Schneiden auch **Montage**. Es gibt unterschiedliche Montageformen und viele Möglichkeiten, die Einstellungen miteinander zu kombinieren und zu verbinden. Das hängt davon ab, wie und mit welcher Absicht ein Regisseur die Geschichte erzählen will.

Man kann natürlich nur die Bilder zusammenschneiden, die bei der Produktion eines Films auch gedreht wurden. Deshalb machen sich der Regisseur und die Kameraleute schon vor den Dreharbeiten darüber Gedanken, welche Bilder man braucht, damit der Zuschauer eine Geschichte **verstehen** kann. Sie überlegen und planen genau, welche Einstellungen tatsächlich gedreht werden sollen und in welcher **Abfolge** die einzelnen Bilder dann anschließend im Schnitt zusammenmontiert werden sollen. Dabei muss man berücksichtigen, dass die einzelnen Bilder schon beim Drehen des Films als eine Abfolge gedacht werden. Das ist wichtig, denn Aussage und Wirkung verändern sich durch die Kombination der Bilder im Schnitt: Es gibt zu jedem Bild immer eine **Bild-Bild-Kombination** mit einem Bild davor und eine Bild-Bild-Kombination mit einem Bild danach.
Beim Schnitt wird dann die endgültige Reihenfolge und Kombination der Bilder sowie das Timing, d. h. wie lange die Einstellungen zu sehen sein sollen, festgelegt. Man kann beim Schnitt das **Tempo** des Films beeinflussen, indem man die Einstellungsdauer durch den Schnittrhythmus variiert. So kann ein Film mit langen, statischen Einstellungen eher ein Gefühl von Ruhe vermitteln und im Gegensatz dazu ein Film durch schnelle Schnitte hektisch und dynamisch wirken.

Schnittdramaturgisch gibt es viele Möglichkeiten, eine Geschichte zu erzählen. Z. B. verläuft die Handlung entweder chronologisch oder mit Rück- und Vorblenden, man kann mehrere Handlungsstränge parallel erzählen und durch **Parallelmontage** miteinander verbinden usw. Damit erfüllen die verschiedenen Montageformen unterschiedliche Funktionen, denn der Schnitt beeinflusst die **Wahrnehmung des Zuschauers** und spielt für die Bedeutungsbildung und Aussageabsicht eine zentrale Rolle.

Die Montageform **Parallelmontage**, die zwei und mehr Handlungen **miteinander verbindet**, die gleichzeitig, aber an verschiedenen Orten parallel ablaufen, wird häufig eingesetzt, um bei den Zuschauern **Spannung** zu erzeugen.

Im Film „Vorstadtkrokodile" (D 2008, Christian Ditter) gibt es eine Parallelmontage am Anfang des Films, wenn Hannes an der alten Ziegelei eine Mutprobe bestehen will und in Not gerät.

Montage 2/2

Kai beobachtet ihn mit seinem Fernglas von zu Hause aus und alarmiert die Retter. Diese beiden Handlungsstränge, die an zwei **verschiedenen Orten**, aber **zur gleichen Zeit** ablaufen, werden im Schnitt mit verschiedenen Bildern (Einstellungen) immer abwechselnd aneinandergereiht.

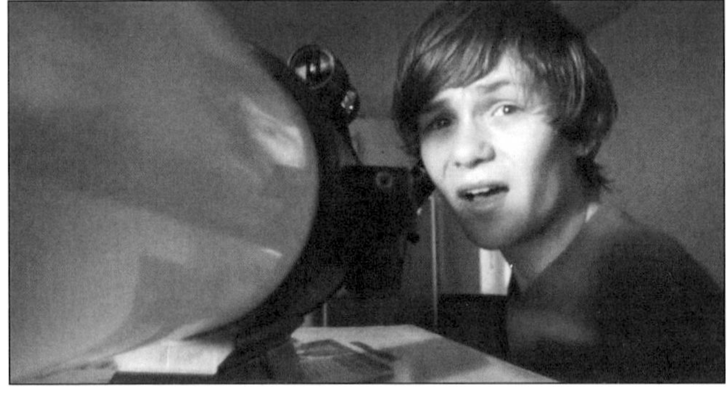

Um die Verbindung der beiden Handlungsstränge zu unterstützen, wird an einigen Stellen Musik eingesetzt und als **Tonbrücke** unter die Einstellungen von Hannes und Kai gelegt.

Durch die Parallelmontage kann man die Spannung erhöhen, indem oft im aufregendsten Moment wieder auf den anderen Handlungsstrang geschnitten wird. Zudem werden in der Parallelmontage oft Hindernisse eingebaut, die scheinbar verhindern, dass sich die Situation im Guten auflöst: Der Retter steht z. B. im Stau, man trifft unterwegs Bekannte und wird aufgehalten, das Fahrrad ist platt …
Das bewirkt, dass der Zuschauer zunehmend **unruhiger und ungeduldiger** wird, weil er unbedingt wissen will, ob der Held gerettet wird.

Montage

„Kuleshov-Effekt"

Beim Schneiden verändert sich durch die Kombination der Bilder deren Wirkung und Aussage. Beim Betrachten der Filmstills des Films „Leroy" wird das deutlich: Dasselbe Bild von Leroy, der mit „neutralem" Blick irgendwo hinschaut, wird mit jeweils einem anderen Bild kombiniert und erhält so eine ganz andere Bedeutung. Als Zuschauer interpretiert man den Blick und Leroys Gedanken wahrscheinlich sehr unterschiedlich. Diesen Bild-Bild-Kombinations-Effekt muss man unbedingt beachten, wenn man schneidet. Er wurde von dem russischen Filmemacher Lev Kuleshov vor rund 100 Jahren entdeckt.

Aufgaben

1. **Fotografiert in Partnerarbeit das Gesicht eines Mitschülers in Großaufnahme. Den Hintergrund soll man nicht gut erkennen können. Der Mitschüler soll „neutral" schauen, nicht lachen oder seine Mimik verändern. Dann fotografiert ihr drei verschiedene Motive, die jeweils eine andere Aussage in Kombination mit dem Gesicht des Mitschülers haben könnten.**
2. **Importiert das Foto eures Mitschülers in ein Präsentationsprogramm (z. B. PowerPoint). Stellt das Foto in Größe 6 x 9 cm (= ca. 2,36" x 3,54") auf eine leere Folie und dupliziert sie, sodass ihr drei identische Folien habt. Fügt dann auf jede der Folien eines der drei Fotos mit den verschiedenen Motiven ein (auch wieder in der gleichen Größe) und stellt sie nebeneinander. Ihr habt jetzt drei unterschiedliche Folien. Präsentiert die Folien nacheinander in der Klasse und fragt jeweils, was der Mitschüler auf dem Foto wohl denken könnte. Gibt es unterschiedliche Bedeutungen?**

Montage

Kontinuitätsmontage

Fotografiert oder filmt eine Tätigkeit oder Situation in zehn Einstellungen, sodass sie als Kontinuitätsmontage geschnitten werden kann.

***Beispiele:** Tür aufmachen, Kaffee kochen, Apfel essen, Fahrkarte/Eintrittskarte kaufen, Fahrrad abschließen, Nudeln kochen, Zeitung lesen, schminken, Tisch für vier Personen decken, Bild malen, Gespräch usw.*

Beschreibende Montage

Fotografiert oder filmt einen Ort oder eine Landschaft in zehn Einstellungen, sodass sie als beschreibende Montage geschnitten werden können.

***Beispiele:** Schule, Stadtpark, Kanal mit Schiffen, Stadtteil, eigenes Zimmer, Verkehrssituation, Sehenswürdigkeiten in der Stadt/im Dorf, Wald usw.*

Elliptische Montage

Fotografiert oder filmt eine Tätigkeit in zehn Einstellungen, die normalerweise ca. 5–10 Minuten dauern würde, so, dass sie geschnitten im Film maximal 30 Sekunden dauert.

***Beispiele:** Kaffee kochen, Apfel essen, Fahrkarte/Eintrittskarte kaufen, Fahrrad abschließen, Nudeln kochen, Zeitung lesen, schminken, Tisch für vier Personen decken, Bild malen usw.*

Parallelmontage

Fotografiert oder filmt eine Sequenz in zehn Einstellungen, in der zwei Handlungsstränge zeitgleich ablaufen und im Schnitt durch die Parallelmontage miteinander verbunden werden können.

***Beispiele:** ein Schüler kommt zu spät zur Schule, ein Reisender will seinen Zug/seinen Bus noch erreichen, zwei Schüler haben sich miteinander verabredet und warten an der falschen Stelle aufeinander, Person A bereitet eine Überraschung für Person B vor und zeitgleich sieht man, wie Person B sich auf den Weg zu Person A macht usw.*

Montage 1/2

Schnittdramaturgie

Aufgaben

1. **Schneidet in Partnerarbeit die 16 Filmstills „Amrumer Brut" aus und klebt 12 von ihnen in einer dramaturgisch sinnvollen Reihenfolge auf eine große schwarze Pappe.**

2. **Legt die Pappen auf Tische und vergleicht eure Ergebnisse.**

Montage 2/2

Montage

„Filmischer Raum"

Durch den Schnitt kann man Orte, Dinge und Personen zusammenbringen und verbinden, die eigentlich überhaupt nicht am selben Ort existieren, sondern nur im **filmischen Raum**. Jeder kennt z. B. die Situation aus Filmen, wenn der Kommissar in ein Haus hineingeht und in der nächsten Einstellung eine Treppe hinaufsteigt, die hinter der Eingangstür gar nicht existiert, sondern zu einem anderen Haus gehört. Im Film kann man die Realität so konstruieren, wie man es möchte: Wenn in dem einen Haus die Außenfassade und die Haustür besonders schön oder wichtig für die Handlung sind und in einem anderen Haus das Treppenhaus, schneidet man die beiden Orte eben zusammen.

Aber auch **Blicke** lassen sich „manipulieren": Wenn jemand in der ersten Einstellung sehnsüchtig am Fenster steht und nach dem Schnitt in der nächsten Einstellung eine Parkidylle gezeigt wird, dann verbinden die Zuschauer beide Situationen als Bild-Bild-Kombination zu einer zusammengehörigen Einheit miteinander. Nach dem Schnitt könnte in der Einstellung aber auch Großstadtkulisse oder eine Person zu sehen sein, die scheinbar das Haus beobachtet usw. So kann der Ort, zu dem der Blick geht, beliebig gestaltet werden.

Aufgaben

1. **Überlegt euch in Kleingruppen fünf Situationen, die nur im filmischen Raum existieren. Recherchiert ggf. verschiedene Orte und Gegebenheiten und scribbelt (skizziert) eure Ideen zunächst auf DIN-A6-Karteikarten (jedes Bild auf eine Karteikarte). Die Karteikarten dienen euch als Mini-Storyboard zur Vorbereitung der Bildproduktion.**
2. **Produziert die fünf Situationen (insgesamt zehn Bilder) mit der Foto- oder Videokamera. Präsentiert die Bilder anschließend in der Klasse.**

Schlüsselszenen vergleichen

Länge der Unterrichtseinheit

- 6 Unterrichtsstunden

Ziele der Unterrichtsstunden

- Die Lernenden erkennen spezifische Figurenkonstellationen und deren Bedeutung für die Dramaturgie.
- Die Lernenden erörtern Inszenierungsstile.
- Die Lernenden beschreiben Montageformen, deren Wirkung sowie Bedeutung für die Dramaturgie.

Methoden und Verfahren

- Einzel-, Partner- und Gruppenarbeit
- Arbeit mit Filmausschnitten
- Moodboards
- Arbeit mit Miniaturen

Material

- *Stunden 1+2:* ggf. Informationsblatt „allgemeine Dramaturgie", Filmausschnitte, Arbeitsblatt 1, PC/Beamer, Laptops, Plakate, Stifte, Zeitschriften, Stoffe, Kleber usw.
- *Stunden 3+4:* Filmausschnitte, Arbeitsblatt 1, Miniaturfiguren (Playmobil®, Lego®), Pappschachteln, Schuhkartons, digitale Fotokameras, PC/ Beamer, Laptops
- *Stunden 5+6:* Filmausschnitte, Arbeitsblatt 1, PC/ Beamer, Laptops

Filmausschnitte:
Verfilmungen von Dürrenmatts Roman „Das Versprechen":

- „Es geschah am hellichten Tag" (D, CH 1958, Ladislao Vajda)
- „Tod im kalten Morgenlicht" (NL, D, GB 1994, Rudolf van den Berg)
- „The pledge" (USA 2001, Sean Penn)

Es geht um die Szene, wo die jeweiligen Kommissare die Nachricht über den Tod des Kindes an die Eltern überbringen.

Ablauf der Unterrichtsstunden

Stunden 1+2:
Zur Wiederholung und Einstimmung in das Thema kann der Lehrende das Informationsblatt „Dramaturgie" verteilen. Die Lernenden entwickeln anhand des Textes 5 Fragen, die sie ihrem Nachbarn zur Beantwortung vorlegen. Anschließend besprechen beide die jeweiligen Antworten. Der Lehrende erläutert nun die vergleichende Aufgabe und zeigt die drei Filmausschnitte am Stück. In 3-er Gruppen bearbeiten die Lernenden die Aufgabe 1 von Arbeitsblatt 1 und besprechen die Ergebnisse in der Klasse.

Stunden 3+4:
Zu Beginn werden noch einmal die drei Schlüsselszenen gezeigt. Dann bearbeiten die Lernenden Aufgabe 2 des Arbeitsblattes zunächst in Einzelarbeit. Mit dem Nachbarn wird dann Teil 1 von Aufgabe 3 bearbeitet und das Soziogramm erstellt. Das Nachbauen der Szene mit Miniaturen erfolgt dann in einer Kleingruppe, wobei die jeweiligen Szenen aufgeteilt werden. Die Fotos der Szenarien werden am Ende mit dem Beamer in der Klasse präsentiert.

Stunden 5+6
Auch hier sollten zur Einstimmung wieder die Schlüsselszenen gezeigt werden. Entweder kann diese Stunde genutzt werden, um die vorherige Aufgabe abzuschließen oder die Lernenden beginnen in Partnerarbeit mit Aufgabe 5 des Arbeitsblattes. Das Ergebnis wird in der Klasse vorgetragen. Zu Präsentation können die Lernenden z.B. ein Lernplakat erstellen.
Grundsätzlich ist es sinnvoll, den Lernenden während der gesamten Erarbeitungsphase einige Laptops zur Verfügung zu stellen, damit sie die Szenen anschauen können, wenn sie es für erforderlich halten.

Differenzierung

- Bei der Gruppen- und Partnerarbeit können stärkere mit schwächeren Lernenden zusammenarbeiten.
- Die Aufgaben auf dem Arbeitsblatt können verringert werden (z.B. um Aufgabe 5).

Schlüsselszenen vergleichen

Viele **Filmstoffe** sind **mehrmals verfilmt** worden. Dadurch ergibt sich die Möglichkeit des Vergleichs vor allem in Bezug auf dramaturgische Grundentscheidungen, die von den Regisseuren getroffen wurden, und des visuellen Konzepts.
Die Gegenüberstellung von **Original und Remake** bietet Einblicke in Ästhetik, Spannungserzeugung, Figurencharakterisierung usw. der jeweiligen Zeit.

Es sind vor allem die **Inszenierungen von Schlüsselszenen**, die sich für einen Vergleich eignen. Ein Beispiel dafür stammt aus den Verfilmungen von Friedrich Dürrenmatts Roman „Das Versprechen“: Es geht um die Szene, wo die jeweiligen Kommissare die Nachricht über den Tod eines Kindes an die Eltern überbringen. Die Ausschnitte unten sind aus den Filmen: „Es geschah am hellichten Tag“, „Tod im kalten Morgenlicht“ und „The Pledge“.

Der Vergleich von Schlüsselszenen kann unter verschiedenen Aspekten geschehen, z. B.

- allgemeine Unterschiede (Farben, Licht, Kleidung …)
- Figurencharakterisierung
- filmische Auflösung
- Montage
- …

Tod im kalten Morgenlicht

The Pledge

Es geschah am hellichten Tag

Schlüsselszenen vergleichen

Ihr habt gerade drei Filmausschnitte einer Schlüsselszene aus drei unterschiedlichen Verfilmungen von Dürrenmatts Roman „Das Versprechen“ gesehen. Vergleicht die Ausschnitte unter den folgenden Gesichtspunkten.

Aufgaben

1. **Beschreibt zunächst allgemein die Unterschiede der jeweiligen Szenen. Erstellt dazu zu jeder Szene ein Moodboard.**

> **Ein Moodboard ist eine Art Collage in Form eines Plakats, eines Hefts, eines Schuhkartons o.Ä. in das man Fotos, Stoffe, Farben, Tapeten, Bilder aus Zeitschriften, Filmstills aus anderen Filmen, aber auch Gegenstände oder Sprüche zu einem Thema sammelt. Im Filmbereich dient das Moodboard dazu, Personen, Orte oder die gesamte Atmosphäre und Farbigkeit eines Films gefühlsmäßig zu charakterisieren, um sich mit den anderen Teammitgliedern über die eigenen Vorstellungen und Überlegungen auszutauschen:**
> - **Welche Farben hat das Zimmer einer bestimmten Figur?**
> - **Welcher Kleidungsstil in welchen Farben passt zu der Figur?**
> - **Welche Licht- und Farbstimmung charakterisiert bestimmte Orte?**
>
> **usw.**

2. **Charakterisiere und vergleiche die jeweiligen Kommissare. Erstelle dazu eine Tabelle, in der du die Beschreibungen gegenüberstellst. Vergleiche die Tabelle mit der deines Nachbarn.**
3. **Beschreibe und analysiere mit deinem Partner die Figurenkonstellation „Vater/Ehemann – Mutter/Ehefrau – Kommissar“. Fertigt dazu zunächst zu zweit ein Soziogramm an.**
4. **Baut dann in Kleingruppen mit Playmobil®-Figuren, Lego® und anderen Materialien die Szenen der Überbringung der Nachricht nach (jede Gruppe wählt sich einen Film aus). Benutzt einen vorn offenen Schuhkarton. Fertigt jeweils ein digitales Foto an, das ihr später in der Klasse präsentiert.**
5. **Analysiert, wie die Szenen aufgelöst wurden, also wie die Regisseure und die Kameraleute die Situation in einzelne Bilder aufgeteilt haben. Beschreibt die Unterschiede der Szenenauflösung und die damit verbundene dramatische Wirkung.**

Ton

Musik

Länge der Unterrichtseinheit

- 6–7 Unterrichtsstunden

Ziele der Unterrichtsstunden

- Die Lernenden kennen die wesentlichen Funktionen von Musik im Film.
- Die Lernenden erkennen musikalische Stilklischees.
- Die Lernenden erfassen die Wirkung von Musik für die Bildaussage.
- Die Lernenden kennen die unterschiedlichen Tonebenen und die Bild-Ton-Beziehung.

Methoden und Verfahren

- Einzel-, Partner- und Gruppenarbeit
- Arbeit mit Filmstills
- Eigenproduktion

Material

Stunde 1: Informations- und Arbeitsblatt 1–2
Stunde 2: Arbeitsblätter 3–5
Stunden 3–5: Arbeitsblatt 5, Videokameras und Speicherkarten, Stative, Beamer/Fernseher, Computer/Laptop, Schnittprogramme (alternativ: digitale Fotoapparate, Präsentationsprogramm, CD-Player o. Ä.)

Ablauf der Unterrichtsstunden

Stunde 1
Die Lernenden lesen das Informationsblatt und bearbeiten zur Sicherung Arbeitsblatt 1. Über die Ergebnisse tauschen sie sich mit ihrem Nachbarn aus. Im Anschluss daran bearbeiten sie zu zweit Arbeitsblatt 2 und 3. Dabei geht es darum, Instrumente bestimmten Landschaften, Genres, Handlungen usw. zuzuordnen und so die stereotype Verwendung zu erfassen sowie bestimmten Gefühlen Musikeigenschaften zuzuordnen.

Stunde 2
Die Lernenden teilen sich in Produktionsgruppen (4–5 Lernende) auf. Zunächst bearbeiten sie allein das Arbeitsblatt 4. Die Ergebnisse tauschen sie in der Gruppe aus. Anschließend bereiten sie den Dreh vor, der auf Arbeitsblatt 5 beschrieben wird (Auswahl des Ortes, Aufgabenverteilung im Team, Drehgenehmigungen usw.).

Stunden 3–5
Zunächst dokumentieren die Lernenden einen Ort ihrer Wahl (Einkaufszentrum, Sporthalle, Stadtteil) in maximal zehn Einstellungen. Anschließend schneiden sie die Einstellungen zu einer Filmsequenz zusammen, von der sie zwei Kopien erstellen. Die Schüler unterlegen nun die drei vorliegenden identischen Filmsequenzen mit unterschiedlicher Musik, um deutlich zu machen, welchen Einfluss diese auf die Wahrnehmung der Bilder beim Zuschauer hat. Die Filmsequenzen werden in der Klasse präsentiert. Anschließend diskutieren die Lernenden die Ergebnisse vor allem in Bezug auf die Urteilsbildung.

Differenzierung

Die Aufgabe auf Arbeitsblatt 3 kann auch fotografisch umgesetzt werden. Die Bearbeitung zu einer Fotoreihe erfolgt dann mithilfe eines Präsentationsprogramms. Grundsätzlich ist es auch möglich, die unterschiedlichen Musiken während der Präsentation von einem CD-Player o. Ä. zuzuspielen.

Tipp

Grundsätzlich können die Aufgaben zum Thema „Ton" einer Unterrichtseinheit bearbeitet werden. In diesem Falle sollten die Schüler die Informationsblätter mithilfe des Gruppenpuzzles erarbeiten. Der Lehrende müsste dann den Stammgruppen aus allen Tonbereichen (Geräusch, Sprache, Musik) einzelne Arbeitsblätter zur Bearbeitung zur Verfügung stellen.

Musik

Der Ton im Film kann aus den verschiedenen Elementen **Geräusche, Sprache und Musik** bestehen. Je nach Einsatz übernimmt der Ton unterschiedliche Funktionen. Das ist abhängig davon, welche Absicht der Regisseur verfolgt.
Während der Dreharbeiten wird der sogenannte **Originalton** (O-Ton) aufgezeichnet. Das kann beispielsweise ein Dialog sein, den die Schauspieler im Film sprechen. Auch die Geräusche der Szene werden aufgenommen. Je nachdem, wo die Szene spielt, gibt es natürlich andere **Hintergrundgeräusche**, die charakteristisch für dieses räumliche Umfeld sind.

Musik im Film dient zur **Emotionalisierung** der Zuschauer, kann also besonders gut Gefühle hervorrufen. Musik wird dramaturgisch eingesetzt, um die Grundstimmung einer Szene zu verstärken. In dem Film „Stauffenberg" (D/A 2003, Jo Baier) unterstützt die dramatische Musik z. B. die Spannung beim Zusammentreffen von Hitler und Stauffenberg kurz vor dem Attentatversuch. Eine fröhliche Musik wäre unpassend gewesen und hätte den Charakter der Szene komplett verändert.

Beim Einsatz von Musik im Film unterscheidet man grundsätzlich zwei Arten: Entweder ist die Musik **Bestandteil der Szene**, wenn beispielsweise ein Instrument gespielt wird, wie hier im Film „Leroy" (D 2006, Armin Völckers) Musik angehört wird o. Ä.

Die zweite Möglichkeit ist, dass die **Bilder mit Musik unterlegt werden**. Sie charakterisieren so die Handlung, wie z. B. im Film „Goethe!" (D 2009, Phillip Stölzl), wo durch den Einsatz typischer Instrumente der Barockmusik (Cembalo) das Unmoderne dieser Szene (der Film spielt Ende des 18. Jahrhunderts) unterstützt wird und damit im Kontrast zu Goethes Ideen und Verhalten steht.

Filmmusik wird auch **stereotyp** eingesetzt, um einen Ort oder ein Land zu charakterisieren. Im Film „Auf der anderen Seite" (D/T/I 2006, Fatih Akin) werden die Bilder einer Autofahrt durch die Türkei mit türkischer Musik unterlegt, um so den kulturellen Hintergrund, die Gefühlsstimmung und die Erinnerungen des Fahrers zu verdeutlichen. Hier übernimmt die Musik eine weitere wichtige Funktion: Sie gewährleistet, dass der Zuschauer die Handlung als kontinuierlich wahrnimmt, trotz der vielen Ortswechsel durch den Schnitt.

Die **Musikdramaturgie** ist auch dafür verantwortlich, in welchem Verhältnis die Musik und die weiteren **Tonebenen des Films** (**Sprache, Geräusche**) gemischt werden. Musik kann beispielsweise ganz allein oder als Untermalung eines Sprechers oder Dialogs zu hören sein, aber auch komplett fehlen.

Musik

Aufgaben

1. **Lies den Informationstext aufmerksam durch und ergänze dann folgende Aussagen:**

   a) **Musik wird im Film eingesetzt, um ...**

   ....

   ....

   ....

   b) **Die Grundstimmung in einem Film lässt sich dadurch verstärken, dass ...**

   ....

   ....

   ....

   c) **Wenn Bilder mit Musik unterlegt werden, dass ...**

   ....

   ....

   ....

   d) **Trotz vieler Ortswechsel in einem Film nimmt der Zuschauer eine Handlung dann als kontinuierlich wahr, wenn ...**

   ....

   ....

   ....

   e) **Filmmusik wird dann stereotyp eingesetzt, wenn ...**

   ....

   ....

   ....

   f) **Beim Einsatz von Musik im Film werden grundsätzlich zwei Arten unterschieden, und zwar ...**

   ....

   ....

   ....

2. **Tausche das Arbeitsblatt zur Überprüfung mit deinem Nachbarn.**

Musik

Aufgaben

1. **Ordne den Instrumenten in der folgenden Tabelle die entsprechenden Orte, Landschaften, Genres, Handlungen und die Zeit zu.**

Instrumente	Orte, Landschaften, Genres, Handlungen, Zeit der Handlung
Cembalo	
Mundharmonika	
Akkordeon	
Panflöte	
Trommeln	
Orgel	
Dudelsack	
Sitar	
Harfe	
Balalaika	
Geigen	
Synthesizer	
akustische Gitarre	

2. **Ordne in der Tabelle die aufgeführten Eigenschaften der Musik zu: Welche passt eher zu dem jeweils aufgeführten Gefühl oder der Handlung?**

leise – langsam – schnell – fröhlich – traurig – laut – lustig – klassisch – schwer – leicht – dramatisch – populär – eintönig – hektisch – ruhig – schrill – harmonisch – nicht harmonisch – drängend – kraftvoll – dunkel – zuversichtlich – hell

Gefühle/Handlung	Eigenschaften der Musik	Gefühle/Handlung	Eigenschaften der Musik
Freude		Radfahren	
Angst		Blick aufs Meer	
Laufen		Spannung	
Verliebtsein		Ausruhen	
Trauer		Warten	
Unruhe		Spaziergang	
Einkaufen		Verfolgung	
Harmonie			

Musik

Aufgabe

Überlege zunächst, welche Musik zu der Szene passen könnte. Überlege anschließend, welche Musik die Charakteristik der Szene verändern würde. Vergleiche deine Ergebnisse mit deinem Nachbarn und diskutiert die Unterschiede, indem ihr eure Auswahl begründet.

Filmszene	Welche Musik könnte zu der Szene passen?	Und welche eher nicht?
 Leroy		
 Vincent will Meer		
 Vorstadtkrokodile		
 Hände weg von Mississippi		
 Winterschläfer		

Musik

Musik kann den Charakter und die inhaltliche Bedeutung einer Filmszene stark beeinflussen. Je nach Musikrichtung können die Bilder auf den Zuschauer anders wirken und damit eine andere Geschichte erzählen.

Aufgaben

1. **Erstellt eine Dokumentation über einen Ort eurer Wahl, indem ihr diesen Ort in mindestens zehn Einstellungen filmt oder fotografiert. Das kann beispielsweise eine Dokumentation über ein Einkaufszentrum, einen Stadtteil, die Schule oder einen Park sein.**

   Beispiel: Schule

2. **Schneidet die Einstellungen mit einem Video-Schnittprogramm zu einer kurzen Filmsequenz. Erstellt zwei identische Kopien der fertigen Sequenz. Alternativ importiert ihr die Fotos in ein Präsentationsprogramm und erstellt eine Fotopräsentation (pro Foto eine Folie). Erstellt dann zwei Kopien der fertigen Präsentation.**
3. **Unterlegt die drei identischen Filmsequenzen oder die drei identischen Fotopräsentationen jeweils mit unterschiedlicher Musik. Achtet bei der Musikauswahl auf verschiedene Musikrichtungen und einen unterschiedlichen Charakter.**
4. **Präsentiert alle drei Varianten der Filmsequenzen oder der Fotoreihen direkt nacheinander in der Klasse.**
5. **Diskutiert die (emotionale) Wirkung der Musik auf den Zuschauer beim Betrachten derselben Bilder. Werden dieselben Orte unterschiedlich wahrgenommen und erhalten deshalb eine andere inhaltliche Bedeutung?**
6. **Diskutiert, inwieweit die Filmmusik eure Urteilsbildung beeinflusst hat bzw. beeinflussen kann.**

Geräusche 1/2

Länge der Unterrichtseinheit

- 6–7 Unterrichtsstunden

Ziele der Unterrichtsstunden

- Die Lernenden kennen die wesentlichen Funktionen von Geräuschen im Film.
- Die Lernenden erfassen die Wirkung von Geräuschen für die Bildaussage.
- Die Lernenden kennen die unterschiedlichen Tonebenen und die Bild-Ton-Beziehung.

Methoden und Verfahren

- Einzel-, Partner- und Gruppenarbeit
- Arbeit mit Filmstills
- Eigenproduktion

Material

- *Stunde 1:* Informations- und Arbeitsblatt 1+2
- *Stunden 2+3:* Arbeitsblatt 3, Audioaufnahmegeräte oder Handys, Aktivboxen
- *Stunden 4+5:* Arbeitsblatt 3, Videokameras + Speicherkarten, Überspielkabel, Beamer/Fernseher
- *Stunden 6+7:* Arbeitsblatt 3, Videokameras + Speicherkarten, Computer/Laptops, Schnittprogramme, Überspielkabel, Beamer/Fernseher

Ablauf der Unterrichtsstunden

Stunde 1
Die Lernenden lesen das Informationsblatt und beantworten zur Sicherung die Fragen auf Arbeitsblatt 1. Dann tauschen sie das Arbeitsblatt mit ihrem Nachbarn, überprüfen die Antworten und besprechen sich bei abweichenden Meinungen. Im Anschluss daran bearbeiten sie zu zweit Arbeitsblatt 2. Dabei geht es darum, sich damit auseinanderzusetzen, was der Zuschauer aufgrund der Bilder für Geräusche erwartet und ob damit Geräuscheklischees erfüllt werden.

Stunden 2+3
Die Lernenden bearbeiten die erste Aufgabe auf Arbeitsblatt 3: Sie nehmen in Kleingruppen mit einem Tonaufnahmegerät selber einzelne Geräusche auf und spielen diese den übrigen Lernenden zum Raten vor. Im Anschluss diskutieren sie gemeinsam, warum bestimmte Geräusche erraten werden und andere nicht oder nur sehr schwer erkannt werden.

Stunden 4+5
In diesen beiden Stunden nehmen die Lernenden in Kleingruppen mit der Videokamera 1–2-minütige Alltagssituationen auf (Arbeitsblatt 3, Aufgabe 2). Wichtig ist hierbei, dass die aufgenommene Situation sich auch nur über den Ton erschließt. Um das zu überprüfen, spielen die Lernenden ihre Aufnahmen zunächst ohne Bild vor und lassen die Klasse die Situation erraten. Anschließend wird die Aufnahme mit Bild gezeigt und diskutiert, ob die Töne zu den Bildern passen oder ob Bild und Ton im Widerspruch zueinander stehen. Es sollte sich um Situationen handeln, die in der Schule umzusetzen sind: Kaufen eines Brötchen am Schulkiosk, Schultasche auspacken, Fahrrad abschließen usw.

Stunde 6+7
Auch in diesen beiden Stunden produzieren die Lernenden eigene kleine Filmsequenzen (Arbeitsblatt 3, Aufgabe 4). Es geht bei dieser Aufgabe darum, einen Widerspruch zwischen Bild und Ton herzustellen. Dazu müssen „Widerspruchspaare" gefunden werden, z. B. leere Straße – Verkehrslärm usw. Die Lernenden filmen zunächst die Bilder und suchen sich anschließend eine widersprüchliche Atmo, die sie ebenfalls aufnehmen. Im Schnitt wird dann diese Atmo unter die Bilder gelegt.
Die Präsentation der Sequenzen erfolgt im Klassenverband. Anschließend diskutieren die Lernenden die Wirkung des Zusammenspiels der unterschiedlichen Informationen.

Geräusche 2/2

Differenzierung

- Auf die Aufgabe in Stunde 6+7 kann auch verzichtet werden bzw. sollte man sie nur für höhere Jahrgangsstufen anbieten.

Tipp

- Als Tonaufnahmegeräte können als einfache Variante natürlich Handys genommen werden. Um die Geräusche dann abzuspielen, schließt man an den Kopfhörerausgang Aktivboxen an.
- Man kann die Geräusche auch auf den Computer/Laptop überspielen. Das setzt aber voraus, dass die Lernenden auch entsprechende Überspielkabel haben. Diese Möglichkeit ist dann wichtig, wenn die aufgenommenen Geräusche/Töne für den Videoschnitt verwendet werden sollen. In diesem Fall ist die einfachere Möglichkeit, Tonaufnahmegeräte zu nutzen, die auf einer SD-Speicherkarte aufnehmen. Die Aufnahmen können dann (meist als MP3-Dateien) von den Speicherkarten über ein (externes) Kartenlesegerät auf den Laptop/Computer überspielt werden. Diese Dateien sind dann problemlos in ein Schnittprogramm einzufügen.

Geräusche

Der Ton im Film kann aus den verschiedenen Elementen **Geräusche, Sprache** und **Musik** bestehen. Je nach Einsatz übernimmt der Ton unterschiedliche Funktionen. Das ist abhängig davon, welche Absicht der Regisseur verfolgt.
Während der Dreharbeiten wird der sogenannte **Originalton** (O-Ton) aufgezeichnet. Das kann beispielsweise ein Dialog sein, den die Schauspieler im Film sprechen. Auch die Geräusche der Szene werden aufgenommen. Je nachdem, wo die Szene spielt, gibt es natürlich andere **Hintergrundgeräusche**, die charakteristisch für dieses räumliche Umfeld sind.

Die Hintergrundgeräusche einer Szene nennt man **Atmo**. Sie bezeichnet die Töne, die an einem Ort, in einer Situation „natürlicherweise" zu hören sind und somit dem Zuschauer einen realitätsnahen Eindruck vermitteln: Auf einem Fußballplatz kann man die Gesänge der Fans hören, an einer Straße hupende Autos, klingelnde Radfahrer und quietschende Reifen usw. Auch die Geräuschkulisse auf einem Schulhof oder am Meer kennt jeder.

Vincent will Meer

Die Geräusche im Film werden vom Zuschauer oft nicht bewusst wahrgenommen, denn sie gehören einfach dazu. Aber wenn sie fehlen und es plötzlich ganz still wird, dann bekommt die **Stille** eine dramaturgische Bedeutung und der Zuschauer bemerkt, dass etwas anders ist und nicht stimmt. Er empfindet die Szene vielleicht als unheimlich oder bedrohlich. Die **Tondramaturgie** ist somit dafür verantwortlich, dass durch den bewussten Einsatz von Tönen eine bestimmte Wirkung beim Zuschauer erzielt wird.

Dabei legt die **Tonmischung** fest, in welchem Verhältnis die verschiedenen **Tonebenen** gemischt werden. Diese lassen sich mit den Bildebenen vergleichen: Auf der Vordergrundebene (oft am lautesten und deutlichsten) ist das für die jeweilige Szene Wichtigste zu hören. Das kann ein Gespräch sein, das auf einem Schulhof stattfindet. Im Mittelgrund hört man die Atmo-Töne des Schulhofs, an einer Straße im Hintergrund hört man ganz leise das Rauschen des Verkehrs.
Auch die Einstellungsgrößen spielen eine wichtige Rolle für das **Mischungsverhältnis** des Tons. So wirkt der Atmo-Ton in der Totalen glaubwürdiger, wenn er leiser, also aus der Ferne zu hören ist, als in einer nahen Einstellung, bei der man als Zuschauer viel näher am Geschehen ist. Manche (Effekt-) Geräusche werden sogar in der Tonbearbeitung verstärkt und/oder künstlich vom **Sounddesigner** erzeugt und wirken trotzdem „echter" als der Originalton.

Leroy

Geräusche

Aufgaben

1. Lies den Informationstext aufmerksam durch. Beantworte anschließend die folgenden Fragen.
   a) Aus welchen Elementen kann der Ton bestehen?

   ....

   ....

   b) Welche Funktion haben Hintergrundgeräusche?

   ....

   ....

   c) Wann bekommt „Stille" im Film eine besondere Bedeutung und was kann sie beim Zuschauer bewirken?

   ....

   ....

   d) Wofür ist eine Tondramaturgie verantwortlich?

   ....

   ....

   e) Was versteht man unter Tonebene und welche verschiedenen Ebenen gibt es?

   ....

   ....

   f) Was versteht man unter Atmo?

   ....

   ....

   g) Warum spielen Einstellungsgrößen eine Rolle für das Abmischen von Geräuschen?

   ....

   ....

2. Tausche das Arbeitsblatt zur Überprüfung mit deinem Nachbarn.

Geräusche

Im Film dienen die Geräusche dazu, den Ort oder die Landschaft, in der die Handlung spielt, zu charakterisieren. Falls typische Geräusche fehlen, sind die Zuschauer irritiert.

Aufgabe

1. Überlege, welche Geräusche du erwartest, zu hören, wenn du diese Szene siehst. Mit welchen Tönen verbindest du das Bild?

Filmszene	Welche Geräusche könnten in dieser Szene zu hören sein?
Vincent will Meer	
Emil und die Detektive	
Hände weg von Mississippi	
Emil und die Detektive	

2. Vergleiche deine Ergebnisse mit deinem Nachbarn und diskutiert die Unterschiede, indem ihr eure Vorstellungen begründet darstellt.

Geräusche

Aufgabe

Nehmt mit einem Tonaufnahmegerät einzelne Geräusche auf. Die Geräusche spielt ihr dann in der Klasse vor und lasst eure Mitschüler raten, um welche Geräusche es sich handelt und wo man sie findet. Besprecht, warum bestimmte Geräusche besonders leicht und andere eher schwer zu erkennen sind.

Aufgabe

Dokumentiert eine Alltagssituation oder einen Ort in einer durchgehenden Einstellung von 1–2 Minuten mit der Videokamera (Bild + Ton): Brötchen am Schulkiosk kaufen, Schultasche auspacken, Fahrrad abschließen usw. Spielt die Aufnahme zunächst ohne Bilder der Klasse vor und lasst eure Mitschüler raten, welche Situation oder welchen Ort ihr dokumentiert habt. Zeigt anschließend die Aufnahme mit Bild und diskutiert, ob die Bilder zu den Tönen passen oder ob Bild und Ton im Widerspruch zueinander stehen.

Aufgabe

Dokumentiert einen Ort mit typischen Atmo-Tönen in einer durchgehenden Einstellung von 1–2 Minuten mit der Videokamera (Bild + Ton). Anschließend sucht ihr euch eine Atmo, die im Widerspruch zu dem gezeigten Ort steht, und nehmt diese ebenfalls auf. Dann unterlegt ihr im Schnitt die erste Videoaufnahme mit den widersprüchlichen Atmos. Zeigt die Videoaufnahmen dann in der Klasse und diskutiert, welche Wirkungen durch die sich widersprechenden Informationen von Bild und Ton entstehen können.

Sprache

Länge der Unterrichtseinheit

- 6–7 Unterrichtsstunden

Ziele der Unterrichtsstunden

- Die Lernenden kennen die wesentlichen Funktionen von Sprache im Film.
- Die Lernenden erfassen die Wirkung von Sprache für die Bildaussage.
- Die Lernenden erklären den Unterschied zwischen On- und Off-Texten.
- Die Lernenden kennen die unterschiedlichen Tonebenen und die Bild-Ton-Beziehung.

Methoden und Verfahren

- Einzel-, Partner- und Gruppenarbeit
- Arbeit mit Filmstills
- Eigenproduktion

Material

Stunde 1: Informations- und Arbeitsblatt 1 + 2
Stunden 2–6: Arbeitsblatt 3, Videokameras und Speicherkarten, Computer mit Schnittprogrammen, Überspielkabel, Beamer/Fernseher

Ablauf der Unterrichtsstunden

Stunde 1
Die Lernenden lesen das Informationsblatt und beantworten zur Sicherung die Fragen auf Arbeitsblatt 1. Dann tauschen sie das Arbeitsblatt mit ihrem Nachbarn, überprüfen die Antworten und besprechen sich bei abweichenden Meinungen. Im Anschluss daran bearbeiten sie allein Arbeitsblatt 2 und geben aufgrund der Bilder die Gedanken von Emma wieder.

Stunden 2–4
In diesen Stunden dokumentieren die Lernenden in Kleingruppen mit der Videokamera Alltagsorte (Arbeitsblatt 3, Aufgabe 1). Anschließend schneiden sie die Einstellungen zu einer kurzen Filmsequenz und fertigen eine Kopie an. Nun erstellen die Lernenden (jeweils zu zweit) unterschiedliche Kommentare, die sie im Off unter die Sequenzen legen. Dabei sollen die Kommentare einmal Positives und einmal Negatives über den Ort berichten. In der anschließenden Präsentation in der Klasse wird über die unterschiedliche Wirkung diskutiert und dabei der Bild-Zusammenhang erörtert.

Stunde 5 + 6
In diesen beiden Stunden bearbeiten die Lernenden auf dem Arbeitsblatt 3 die Aufgabe 2. Sie produzieren erneut Videosequenzen in Kleingruppen. Zunächst nehmen sie ein kurzes O-Ton-Interview von einem Mitschüler auf. Anschließend filmen sie ihn am gleichen Ort erneut, diesmal aber ohne Originalton. Stattdessen wird der O-Ton des ersten Interviews als Off-Ton unter die Bilder des Lernenden gelegt. In der Präsentation diskutiert dann die Klasse über die unterschiedliche Wirkung der beiden Filmsequenzen.

Differenzierung

Die Aufgaben in den Stunden 2–4 können auch mithilfe der digitalen Fotografie umgesetzt werden. Die erstellten Fotos werden dazu in einem Präsentationsprogramm als Fotoreihe erstellt und mit Ton unterlegt.

Sprache

Der Ton im Film kann aus den verschiedenen Elementen **Geräusche, Sprache** und **Musik** bestehen. Je nach Einsatz übernimmt der Ton unterschiedliche Funktionen. Das ist abhängig davon, welche Absicht der Regisseur verfolgt.
Während der Dreharbeiten wird der sogenannte **Originalton** (O-Ton) aufgezeichnet. Das kann ein **Dialog** sein, den die Schauspieler im Film sprechen. Oder bei einem **Interview** das Statement des Interviewten. Auch die Geräusche der Szene werden aufgenommen. Je nachdem, wo die Szene spielt, gibt es natürlich andere **Hintergrundgeräusche**, die charakteristisch für dieses räumliche Umfeld sind.

Amrumer Brut

Im Film unterscheidet man den Ton grundsätzlich in **On- und Off-Ton**: Beim On-Ton sieht man den Sprecher innerhalb des Bildes sprechen und hört gleichzeitig seinen synchron gesprochenen Ton. Beim Off-Ton ist der Sprecher nicht im Bild zu sehen, also „außerhalb" des Bildes. Der Off-Ton wird häufig als **Kommentartext**, vor allem in dokumentarischen Filmen, eingesetzt. Er übernimmt dabei die Funktion, dem Zuschauer ergänzende Informationen und Zusammenhänge zu vermitteln. Der Kommentar wird in der Regel nach den Dreharbeiten aufgenommen und in der **Tonbearbeitung** passend unter die Bilder gelegt.

Stauffenberg

Aber auch in Spielfilmen werden Off-Texte aus dramaturgischen Gründen eingesetzt: Oft sind die Gedanken der Darsteller im Off zu hören, sowie beispielsweise am Anfang des Films „Ein Tick anders", wo die Hauptfigur Eva ihre besondere Situation (sie hat das Tourette-Syndrom) erklärt und ihre Familie und ihr Umfeld vorstellt. Den **Off-Kommentar** hört man, während man sieht, wie Eva von ihrem Lieblingsplatz am See mit dem Rad nach Hause fährt und abwechselnd Bilder von dem gezeigt werden, über das sie spricht.

Ein Tick anders

Im Film „Krabat" (D 2006, Marco Kreuzpaintner gibt es einen Erzähler im Off (als **Voice Over**), der die Geschichte um Krabat und die Ereignisse in der Mühle am Koselbruch aus der Erinnerung erzählt. Der **Erzähler**, in diesem Beispiel keine Figur aus dem Film, gibt dem Zuschauer Hintergrundinformationen über die zeitgeschichtliche und örtliche Einordnung der Geschichte, die zum Verständnis wichtig sind.

Krabat

Es ist eine bewusste dramaturgische Entscheidung der Regie, ob die Informationen im **On** visuell und über die Handlung erzählt oder im **Off** zusätzlich über die Sprache vermittelt werden. Denn die Wirkung auf die Zuschauer ist ganz unterschiedlich.

Sprache

Aufgaben

1. **Lies den Informationstext aufmerksam durch und beantworte anschließend folgende Fragen:**

   a) **Was versteht man unter einem Original-Ton (O-Ton)?**

   ....

   ....

   ....

   b) **Was ist der Unterschied zwischen On- und Off-Ton?**

   ....

   ....

   ....

   c) **Welche Funktion hat ein Kommentartext?**

   ....

   ....

   ....

   d) **Wie kann man die Gedanken eines Darstellers dem Zuschauer nahebringen?**

   ....

   ....

   ....

   e) **Wer entscheidet darüber, ob Informationen im On oder im Off vermittelt werden und was könnten Gründe für eine solche Entscheidung sein?**

   ....

   ....

   ....

2. **Tausche das Arbeitsblatt zur Überprüfung mit deinem Nachbarn.**

Sprache

Aufgaben

1. **Schreibe einen Text, der als Off-Kommentar die Gedanken von Emma wiedergibt und als Voice-Over unter die Sequenz des Films „Hände weg von Mississippi" gelegt werden könnte.**
2. **Lest euch anschließend eure Vorschläge gegenseitig laut vor und vergleicht sie.**

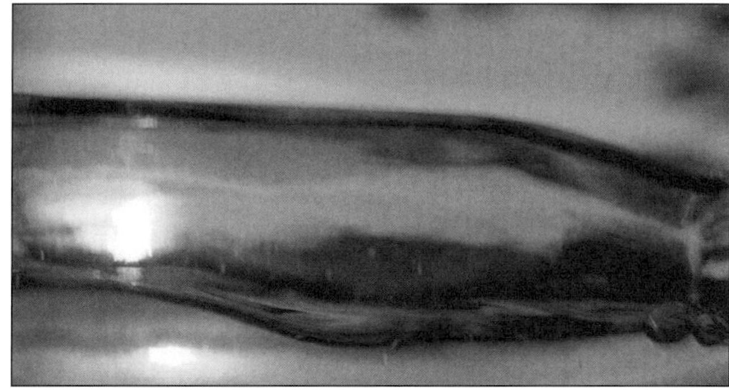

Sprache

Der Kommentartext kann den Charakter und die inhaltliche Bedeutung einer Filmszene stark beeinflussen. Je nachdem, welche Informationen über den Kommentar vermittelt oder weggelassen werden, entsteht eine gänzlich unterschiedliche Bild-Ton-Kombination. Und damit verändert sich auch die Wirkung der Bilder auf die Zuschauer.

Aufgaben

1. **Erstellt eine Dokumentation über einen Ort eurer Wahl, indem ihr diesen Ort in mindestens zehn Einstellungen filmt oder fotografiert. Das kann beispielsweise eine Dokumentation über ein Einkaufszentrum, einen Stadtteil, die Schule, eine Bushaltestelle einen Platz, ein Jugendzentrum, einen Sportplatz oder einen Park sein.**
2. **Schneidet die Einstellungen mit einem Video-Schnittprogramm zu einer kurzen Filmsequenz und erstellt eine identische Kopie der fertigen Sequenz. Alternativ importiert ihr die Fotos in ein Präsentationsprogramm und erstellt eine Fotopräsentation (pro Foto eine Folie). Dann fertigt ihr ebenfalls eine identische Kopie der fertigen Präsentation an.**
3. **Schreibt einen Kommentartext für die Filmsequenz bzw. die Fotoreihe. Dabei soll die eine Hälfte eurer Gruppe einen Kommentar schreiben, der auf erfreuliche Ereignisse an diesem Ort hinweist, den Ort also eher positiv darstellt, und die andere Hälfte einen Text, der auf Probleme an diesem Ort hinweist, ihn also eher negativ darstellt.**
4. **Unterlegt die zwei identischen Filmsequenzen oder die Fotopräsentation jeweils mit den unterschiedlichen Kommentartexten.**
5. **Präsentiert die zwei Varianten der Filmsequenzen oder der Fotoreihen direkt nacheinander in der Klasse. Diskutiert die (emotionale) Wirkung der Kommentare auf den Zuschauer beim Betrachten derselben Bilder. Werden dieselben Orte unterschiedlich wahrgenommen und erhalten deshalb eine andere inhaltliche Bedeutung? Diskutiert zudem, inwieweit der Kommentar eure Urteilsbildung beeinflusst hat.**

Aufgaben

1. **Filmt ein O-Ton-Interview mit einem Mitschüler im On.**
2. **Filmt dieselbe Person am selben Ort, ohne dass sie etwas im On spricht. Dabei kann sie in die Kamera oder an der Kamera vorbei schauen.**
3. **Unterlegt die zweite Filmsequenz im Schnitt mit dem O-Ton der ersten Filmsequenz.**
4. **Schaut euch beide Filmsequenzen in der Klasse an und diskutiert, inwieweit sich die Wahrnehmung und der Eindruck des Zuschauers beim On- und Off-Ton unterscheiden. Besprecht auch folgende Fragen: Wann kommt man der Person emotional näher? Ist es irritierend, die Stimme nur aus dem Off zu hören?**

Produktions-
planung

Exposé, Treatment, Drehbuch

Länge der Unterrichtseinheit

- 6 Unterrichtsstunden

Ziele der Unterrichtsstunden

- Die Lernenden entwickeln einfache Filmideen.
- Die Lernenden wählen zielgerichtet Protagonisten für eine Filmgeschichte aus und setzen sich mit ihren Charakteren auseinander.
- Die Lernenden verfassen ein Drehbuch und präsentieren ihre Ideen.

Methoden und Verfahren

- Einzel-, Partner- und Gruppenarbeit
- Methode zur Themenfindung: MOSE
- Arbeit mit Drehbuchausschnitten

Material

- *Stunden 1–6:* Informationsblatt, Arbeitsblätter 1–3

Ablauf der Unterrichtsstunden

Stunde 1
Die Lernenden lesen das Informationsblatt und tauschen sich mit ihren Nachbarn dazu aus. Zur Sicherung schreiben sie anschließend einen Brief an einen ausländischen Brieffreund, in dem sie in einfachen Sätzen erklären, was ein Exposé, ein Treatment und ein Drehbuch ist. Anschließend kontrolliert der Nachbar, ob alles verständlich ist.

Stunden 2+3
Die Lernenden erarbeiten in Gruppen mithilfe der MOSE-Methode (Arbeitsblatt 1) ein mögliches Thema für eine Filmgeschichte. Mit der MOSE-Methode lassen sich Themen zunächst auf eine Logline (ein, zwei Sätze, die die Handlung einer Geschichte zusammenfassen) verdichten, indem zu einem Oberthema (z. B. Wasser) **M**enschen (z. B. Kapitän), **O**rte (z. B. Kommandobrücke), **S**achen (z. B. Deckchair) und **E**reignisse (z. B. Überfall) in einer Tabelle aufgelistet und kombiniert werden. Aus der so gewonnenen Logline (Ein Kapitän beobachtet von der Kommandobrücke aus, wie eine Person in einem Deckchair überfallen wird.) kann dann ein Exposé in Partnerarbeit entwickelt werden.

Stunden 4+5
In 3er-Gruppen erstellen die Lernenden eine Kettengeschichte auf Grundlage von vier vom Lehrenden vorgegebenen Schlüsselbegriffen, die in der Geschichte eine Rolle spielen müssen (das können z. B. Begriffe aus den Loglines der Schüler sein). Bevor die Schüler mit dem Schreiben beginnen, einigen sie sich in der Gruppe auf ein Genre. Jeder der Lernenden schreibt den Anfang einer Geschichte. Dann werden die Zettel an den Nachbarn weitergegeben und nun schreibt jeder einen Mittelteil. Erneut tauschen sie die Zettel und schreiben nun das Ende. Zum Schluss liegen drei Geschichten vor.

Stunde 6
Die Lehrenden verteilen einen Drehbuchauszug und lassen ihn mit verteilten Rollen lesen. Mithilfe eines Fragebogens nähern sich die Lernenden der Geschichte (Arbeitsblatt 3). Als Hausaufgabe können sie dann die vorangegangene bzw. die folgende Szene schreiben.

Differenzierung

- Für Lernende der höheren Klassen kann zusätzlich in den Stunden 2+3 die Aufgabe gestellt werden, ein Treatment zu erstellen.
- In den Stunden 4+5 kann zusätzlich ein Drehbuch erstellt werden.
- In Stunde 6 kann natürlich auf die Hausaufgabe verzichtet werden.

Exposé, Treatment, Drehbuch 1/2

Am Anfang eines Films steht zunächst eine Idee, die als Text notiert werden muss. Die ersten Gedanken hält man in einem **Exposé**, dem Grundgerüst der Geschichte, fest. Ausführlicher und genauer formuliert man die Gedanken dann im sogenannten **Treatment**, bevor es schließlich zum Schreiben eines **Drehbuchs**, dem Filmszenarium, kommt.

Exposé

In einem Exposé werden in **wenigen Sätzen** die Idee sowie das **Besondere** einer Geschichte erfasst und die **wesentlichen Figuren** möglichst interessant beschrieben. Es ist eher eine Ideenskizze, die allerdings dazu führen muss, dass der Leser eine Vorstellung von dem Film bekommt. Deshalb formuliert man das Anliegen und die Aussage des Films, beschreibt kurz die Handlung (**den roten Faden**) und gibt Anhaltspunkte zur Länge. Auch ist oft sinnvoll, schon einmal die wichtigsten Personen aufzuzählen und kurz zu beschreiben sowie **Handlungsorte** und besondere Kulissen, Kostüme oder visuelle Ideen zu erwähnen.

Treatment

Das Treatment entwickelt das Exposé weiter.
Die Handlung wird ausführlicher geschildert und **konkreter** erläutert: Welche Funktion haben die Hauptpersonen? In welcher Beziehung stehen sie zueinander? Wie entwickeln sie sich? Wie soll die Spannung erzeugt werden? Wann ist der Film ruhig und entspannend, wann actionreich und aufwühlend?

Im Treatment wird die gesamte Geschichte des Films **nacherzählt**, ohne dabei jedes Detail zu erwähnen. Man muss sich also genau überlegen, was man weglässt. Wenn es für die Darstellung der Geschichte wichtig ist, kann auch schon der eine oder andere Dialog eingebaut werden.
Aus dem Treatment muss hervorgehen, wie der Film abläuft, d. h. dass im Prinzip schon die **Szenenfolge** erkennbar sein muss. Ein Treatment enthält auch Angaben dazu, mit welchen **filmischen Mitteln** der Film die Geschichte erzählen will, welche Stimmung der Film haben soll, ob es Effekte geben soll usw.

Drehbuch

Das Drehbuch soll die Geschichte **visualisieren**, d. h. die Geschichte in Dialogen und Beschreibungen so erzählen, dass der Leser sich **Bilder vorstellen** kann. Im Wesentlichen liefert das Drehbuch also den Text für den Film, man beschreibt deshalb die einzelnen Szenen sehr detailreich.
Mehrere Szenen, die thematisch zusammenpassen, ergeben eine **Sequenz**. Sie lässt sich als einen in sich abgeschlossenen filmischen Abschnitt innerhalb der Geschichte bezeichnen. Eine neue Sequenz beginnt oft, wenn ein Orts- oder Zeitwechsel stattfindet. Beispielsweise beschreibt man im Drehbuch, wie sich ein Streit im Büro abspielt. Anschließend folgt eine Szene, wie jemand mit einem Zug am Bahnhof ankommt. Dies wäre dann eine neue Sequenz.
Eine Drehbuchszene beginnt meistens mit einer Überschrift. Dort ist eine Szenennummer notiert. Es folgen Orts- und Zeitangaben, die festlegen, wo und wann die Handlung spielt. Dann schließt sich die Beschreibung der Handlung an. Die Szene endet mit einem Dialog, für den die Personen Namen bekommen.

Exposé, Treatment, Drehbuch 2/2

Ein Beispiel:

Name des Films: Unter uns			
Szenennummer	**Ortsangabe**	**Innen/Außen**	**Tageszeit**
36	Redaktionshaus/Redaktionsbüro	Innen	Tag

Tom sitzt am Schreibtisch in seinem dunklen Büro. Vor ihm liegen stapelweise Berichte über Somalia bzw. Somaliland. Er druckt gerade seine Notizen vom Gespräch mit dem Anwalt und die Mail-Antwort von Kommissar Peters aus. Seine Kollegin Gerda kommt herein und lehnt sich an den Schreibtisch. Tom blickt auf den Bildschirm.

GERDA
So sauer wie gestern hab ich unseren Redaktionsleiter noch nie gesehen. Möchte wissen, was in den gefahren ist.

TOM
Wahrscheinlich kriegt er seit Wochen Druck von der Verlagsleitung und muss sich abreagieren.

GERDA
Ausgerechnet bei dir.

aus: Unter uns (2007), Leo Hansen, unveröffentlicht

Ein Drehbuch dient auch dazu, die **Dreharbeiten zu organisieren**. Dieser Auszug gibt sowohl dem Szenebildner wie auch den Kameraleuten und dem Beleuchter Hinweise, was sie für die Dreharbeiten benötigen. Und natürlich ist es die Textvorlage für die Schauspieler.

Exposé, Treatment, Drehbuch

Aufgabe

1. Mit der MOSE-Methode lassen sich Themen zunächst auf eine Logline (ein, zwei Sätze, die die Handlung einer Geschichte zusammenfassen) verdichten. Setzt euch dazu in Kleingruppen zusammen. Legt ein Oberthema (z. B. Wasser) fest. Listet dazu Menschen (z. B. Kapitän), Orte (z. B. Kommandobrücke), Sachen (z. B. Deckchair) und Ereignisse (z. B. Überfall) in einer Tabelle auf (indem ihr sie z. B. herumgehen lasst und jeder eine Zeile einträgt). Kombiniert die Begriffe in eurer Gruppe neu und stellt daraus Situationen zusammen. Wählt die gelungenste aus und schreibt sie unter die Tabelle.

2. Aus dieser so gewonnenen Logline (z. B.: Ein Kapitän beobachtet von der Kommandobrücke aus, wie eine Person in einem Deckchair überfallen wird.) könnt ihr dann ein Exposé für einen Film in Partnerarbeit entwickeln.

Thema: ....

Menschen	Orte	Sachen	Ereignisse

Logline

....

....

....

Exposé, Treatment, Drehbuch

36	Redaktionshaus/ Redaktionsbüro	Innen	Tag

Tom sitzt in seinem dunklen Büro am Schreibtisch. Vor ihm liegen stapelweise Blätter über Somalia bzw. Somaliland. Er druckt gerade seine Notizen vom Gespräch mit dem Anwalt und die Mail-Antwort von Kommissar Peters aus. Seine Kollegin Gerda kommt herein, macht das Deckenlicht an und lehnt sich an den Schreibtisch. Tom blickt auf den Bildschirm.

GERDA: So sauer wie gestern hab ich unseren Redaktionsleiter Hellström noch nie gesehen. Möchte wissen, was in den gefahren ist.
TOM: Wahrscheinlich kriegt er seit Wochen Druck von der Verlagsleitung und muss sich abreagieren.
GERDA: Ausgerechnet bei dir?
TOM: Na, vielleicht ist das seine Art der Kontaktaufnahme.
GERDA: Da würde ich anders vorgehen.
TOM *(blickt zu Gerda)*: Was willst du?
GERDA: Du musst aufpassen.
TOM: Was soll ich deiner Meinung nach tun?
GERDA: Du musst sorgfältiger recherchieren. Die Verbindungen zwischen den Nazis und den Münsteraner Geschäftsleuten ist nicht wirklich zu beweisen.
TOM: Aber sie existiert.
GERDA: Dann beweise es.
TOM *(erregt)*: Hab ich doch.
GERDA: Nein. Du hattest nur eine Quelle. Und dazu noch eine zweifelhafte. Irgendwelche durchgeknallten Neonazis.
TOM: Das stört doch sonst auch keinen. Es ist nur eine unbequeme Wahrheit, die keiner hören will.
GERDA: Eben. Und deshalb musst du dich eine Zeit lang zurückhalten. Bis du wirkliche Beweise hast. Unumstößlich. Mehrfach abgesichert.
(Gerda spricht eindringlich zu Tom.)
Das mit der Bewährungsfrist meinte der Redaktionsleiter ernst. Er steht unter Druck. Die Besitzer des Verlags wollen, dass du fliegst. Noch hält Hellström zu dir. Aber du darfst dir in der nächsten Zeit keinen Fehler leisten.
(Gerda geht zur Tür. Im Hinausgehen ...)
Denk drüber nach. Wenn du Hilfe brauchst ...
(Lächelnd schließt sie die Tür.)

Aufgaben

1. **Bearbeite mit deinem Nachbarn folgende Fragen bzw. Aufgaben, nachdem du erneut den Drehbuchauszug gelesen hast.**
   a) **Um welches Genre könnte es sich bei diesem Film handeln?**
   b) **Charakterisiere die beiden Personen.**
   c) **In welcher Beziehung stehen Tom und Gerda möglicherweise zueinander?**
   d) **Um welchen Konflikt könnte es sich zwischen Tom und dem Redaktionsleiter handeln?**
   e) **Wie könnte die Hilfe von Gerda aussehen?**
   f) **Welche Hinweise gibt es in dem Drehbuchausschnitt für die Requisite (Szenen- und Maskenbild) und die Kameraabteilung?**
2. **Schreibe die nächste Szene, die sich direkt an die vorliegende anschließt. Oder schreibe die der vorliegenden Situation direkt vorhergehende Szene.**
   Orientiere dich in beiden Fällen am Beispiel (Aufbau, Personen ...)

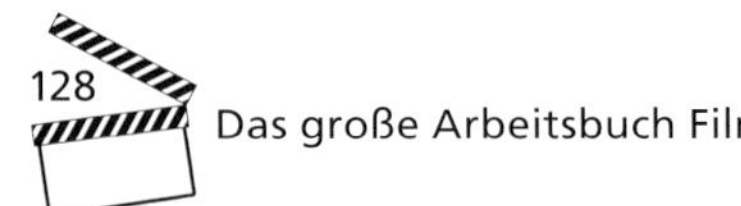

Storyboard 1/2

Länge der Unterrichtseinheit

- 3 Unterrichtsstunden

Ziele der Unterrichtsstunden

- Die Lernenden kennen die Regeln für das Erstellen eines Storyboards.
- Die Lernenden setzen die filmischen Gestaltungsmittel bei der Erstellung eines Storyboards um.
- Die Lernenden erkennen spezifische Merkmale des visuellen Erzählens.
- Die Lernenden setzen sich mit dem Schaffensprozess des Films auseinander.

Methoden und Verfahren

- Einzel-, Partner- und Gruppenarbeit
- Frame-Drive-Methode
- Scribbeln
- Arbeit mit Fotografie
- Storyboarding

Material

- *Stunde 1:* Computer mit Internetzugang; Beamer
- *Stunden 2+3:* Arbeitsblatt 1; Kopien des Fotos; Stifte und Kleber; ggf. Laptops, Computerraum, entsprechende Programme
- *Stunden 4+5:* Musik-CD, CD-Player; Streichhölzer, Papier, Bleistift
- *Stunden 6+7:* Arbeitsblatt 2; DIN-A6-Karteikarten, Pappe, Kleber

Ablauf der Unterrichtsstunden

Stunde 1

Der Lehrende zeigt einige Beispiele von Storyboards (z. B. http://filmmakeriq.com/2010/11/hitchcocks-storyboards-from-13-classic-films/ oder www.heidikull.de/#/storyboard/), um deren Bedeutung für die Umsetzung eines Films auch im professionellen Bereich zu verdeutlichen. Anschließend bearbeiten die Lernenden das Informationsblatt zum Storyboard zunächst in Einzelarbeit und tauschen sich dann mit ihren jeweiligen Nachbarn aus.

Stunden 2+3

In den folgenden zwei Stunden beschäftigen die Lernenden sich mit einem Foto, das, in einer Totalen aufgenommen, mehrere Geschichten erzählen kann. Bei der „Frame-Drive-Methode" können sich die Lernenden selbst im Bild bewegen, indem sie den Fokus auf einzelne Ausschnitte aus dem Foto legen und herauslösen. So können sie mithilfe der Ausschnitte, die in eine Sinn gebende Reihenfolge gebracht werden, eine Geschichte erzählen, die auch mit Bildunterschriften ergänzt werden kann. Mit dieser Methode werden die Lernenden an das visuelle Erzählen herangeführt. Die Lernenden erhalten 6–8 DIN-A4-Ausdrucke des Fotos und überlegen zu zweit, mit welchen Ausschnitten sich eine Geschichte erzählen lässt. Dazu zeichnen sie die Ausschnitte (6 x 3,4 cm) jeweils in einen Ausdruck des Fotos hinein. Im nächsten Schritt schneiden die Lernenden die Ausschnitte aus und kleben diese dann in der entsprechenden Reihenfolge in die Vorlage. Nun können sie die Fotos mit Bildunterschriften versehen.
Alternativ lässt sich diese Aufgabe auch am Computer bearbeiten. Dazu müssen die Ausschnitte mit dem entsprechenden Programmwerkzeug in der gleichen Größe (6 x 3,4 cm) ausgeschnitten und jeweils als Einzelfoto auf dem Desktop gespeichert werden. Jetzt können sie z. B. im Programm Word oder besonders gut in einem Präsentationsprogramm auf einer Seite/Folie in der entsprechenden Reihenfolge sortiert und mit Bildunterschriften versehen werden.
Diese Übung lässt sich natürlich auch mit einem Filmstill umsetzen.

Stunde 4

Die Lernenden zeichnen bei Musik und mit geschlossenen Augen, was ihre Hände zufällig aufs Papier bringen. Anschließend folgt eine Scribbleübung mit Streichhölzern: Die Lernenden werfen eine Handvoll Streichhölzer auf ein DIN-A4-Blatt und zeichnen dann das zufällig entstandene Muster/Gebilde mit Bleistift ab. Diese beiden Übungen dienen dazu, dass die Lernenden die Scheu vor dem Zeichnen ein wenig abbauen.

Storyboard 2/2

Stunde 5
Die Lernenden ergänzen das Storyboard auf Aufgabenblatt 2 um das Anfangs- und Endbild. Zudem fügen sie ein ihrer Meinung nach fehlendes Bild in den ihnen vorliegenden Bilderablauf ein.

Stunden 6+7
Die Lernenden zeichnen ein Storyboard für die Geschichte auf Arbeitsblatt 3. Dazu benutzen sie DIN-A6-Karteikarten im Querformat. Anschließend finden sie sich in 4er-Gruppen zusammen, stellen ihre Storyboards vor und wählen das beste aus. Sie können auch aus mehreren Storyboards ein gemeinsames zusammenstellen. Die Ergebnisse kleben sie auf eine Pappe auf, schreiben neben die Einzelbilder die Kommentare und präsentieren sie in der Klasse.

Differenzierung

- Durch die Team- und Partnerarbeit können die Lernenden ihre jeweiligen Fähigkeiten einbringen.
- Ältere Jahrgangsstufen können in den Stunden 2+3 die Ausschnitte auch am Computer in die entsprechende Reihenfolge bringen und so die fertige Geschichte ausdrucken.

Tipp

Die fertigen Storyboards, die in den Stunden 6+7 erstellt werden, können für ein weiteres Projekt genutzt und als Fotostory bzw. Film umgesetzt werden. Dazu sind sicher noch einmal 2–3 Stunden anzusetzen.

Storyboard

Das Storyboard ist die bildliche Umsetzung des Drehbuchs. Dabei wird jede Szene in einzelne Einstellungen aufgeteilt/aufgelöst und gezeichnet. So entsteht eine Bilderfolge wie bei einem Comic. Allerdings verzichtet man auf Sprechblasen. Die gesamte Handlung des Drehbuchs wird so zum ersten Mal in Bilder übertragen. Das Storyboard visualisiert, wie der Film später aussehen soll. Es schlägt Einstellungsgrößen, Kameraperspektiven, Kamerapositionen und eine Bildaufteilung vor. So können Regisseure, Kameraleute usw. einen ersten Eindruck für die filmische Umsetzung bekommen und sich die Atmosphäre und Szenen bildlich vorstellen. Unterstützen kann man die Bilderzählung dadurch, dass man neben (fast) jeder Einstellung eine kurze Beschreibung der Handlung notiert und dazuschreibt, welche Geräusche zu hören sind.

Jill guckt gedankenverloren auf ihren Stift.
Was soll sie schreiben?

Geräusche:
im Hintergrund Vogelgezwitscher

Bewegungen im Bild werden ebenso durch Pfeile dokumentiert wie Kamerabewegungen.

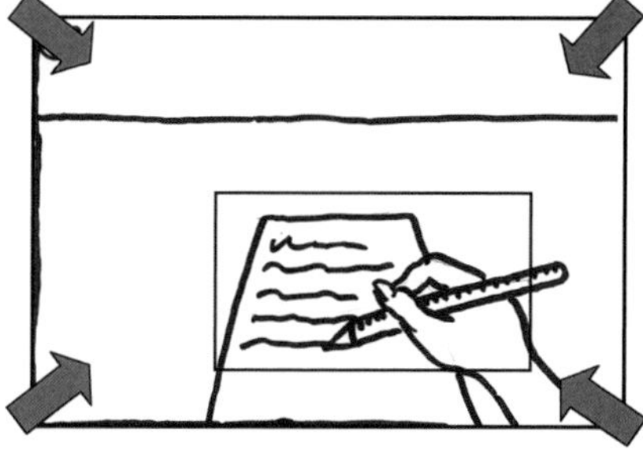

Storyboards werden nicht nur für Spielfilme angefertigt, sondern auch für Werbespots und szenische Darstellungen in einer Dokumentation. Deshalb gibt es auch keine einheitliche Vorgabe, wie ein Storyboard auszusehen hat, sondern nur ein **paar Regeln**.

Storyboard

Aufgaben

1. **Schaue dir das Foto gemeinsam mit deinem Partner aufmerksam an. Beachtet jedes Detail und überlegt dann, mit welchen 6–8 Ausschnitten sich eine Bildergeschichte erzählen lässt. Zeichnet die Ausschnitte (in der Größe 6 x 3,4 cm) jeweils einzeln in eine Fotovorlage hinein.**
2. **Schneidet die gewählten Ausschnitte aus und klebt sie in der Reihenfolge auf, in der die Bilder eine Geschichte erzählen. Um die Geschichte möglicherweise besser zu verstehen, könnt ihr die jeweiligen Fotos mit Bildunterschriften oder Sprechblasen versehen.**
3. **Stellt eure Geschichte einem anderen Paar vor.**

Storyboard

Aufgabe

Schaue dir das Storyboard aufmerksam an. Zeichne dann ein neues Bild vor dem ersten und ein weiteres nach der letzten Illustration. Füge außerdem noch ein weiteres, sinnvolles Bild in die Bilderfolge ein.

Storyboard

Aufgaben

1. **Die folgende Geschichte sollst du als Storyboard in acht Bildern zeichnen. Benutze dazu verschiedene Einstellungsgrößen, Kameraperspektiven und Kamerastandpunkte. Achte zudem auf die Bildkomposition. Benutze für die Bewegungen die im Infoblatt beschriebenen Zeichen. Jedes einzelne Bild zeichnest du auf eine DIN-A6-Karteikarte im Querformat.**

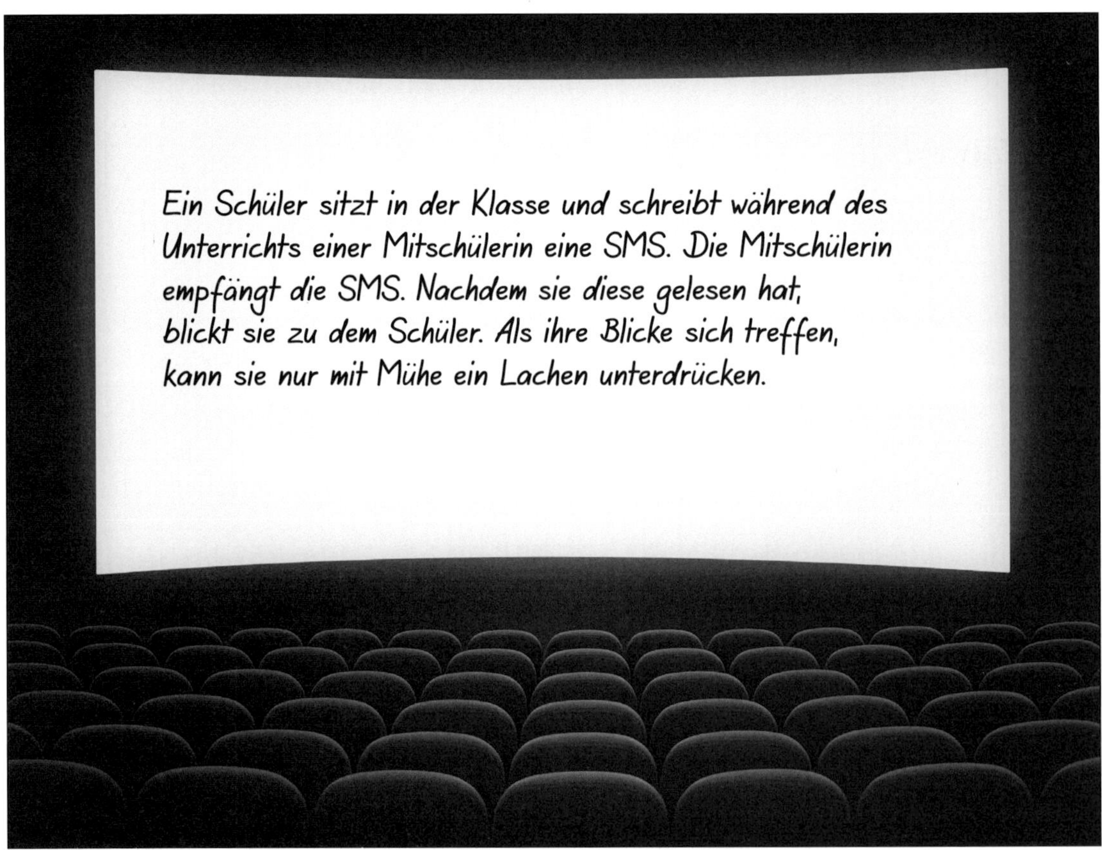

2. **Wenn du das Storyboard fertig gezeichnet hast, setze dich mit drei anderen Mitschülern um einen Tisch herum. Jetzt präsentierst du dein Storyboard und lässt dir die anderen vorstellen. Wählt gemeinsam das eurer Meinung nach beste aus. Dazu könnt ihr auch die Bilder aus verschiedenen Storyboards kombinieren. Legt dazu einfach die verschiedenen Karteikarten nebeneinander. Wenn ihr euch entschieden habt, wie euer gemeinsames Storyboard aussehen soll, klebt die Bilder auf eine Pappe. Schreibt Handlung und Geräusche neben die Bilder. Stellt dann das Storyboard der gesamten Klasse vor.**

Drehorte

Länge der Unterrichtseinheit

- 3 Unterrichtsstunden

Ziele der Unterrichtsstunden

- Die Lernenden lernen die Bedeutung des Drehortes für die Charakterisierung von Darstellern kennen.
- Die Lernenden erkennen die Abhängigkeit eines Handlungsortes von Thema und Personen.

Methoden und Verfahren

- Einzel-, Partner- und Gruppenarbeit
- Arbeit mit Filmstills
- Collagieren

Material

- *Stunde 1:* Informationsblatt, Arbeitsblatt 1 mit Filmstills
- *Stunde 2:* Quizkarten auf Arbeitsblatt 2 (ggf. können eigene ergänzt werden)
- *Stunde 3:* Zeitschriften, Prospekte, Schere, Kleber, Pappen

Ablauf der Unterrichtsstunden

Stunde 1
Die Lernenden lesen das Informationsblatt. Zur Sicherung der Inhalte beschreiben sie zunächst in Einzelarbeit mithilfe von Arbeitsblatt 1 einige Filmstills: Welche Drehorte sind abgebildet und was sagen diese über die Darsteller aus (Geschlecht, Alter, Herkunft, Wohnort, Vorlieben, Interessen, Beziehungen usw.)? Im Anschluss daran tauschen sie sich mit ihrem Nachbarn aus.

Stunde 2
In dieser Stunde geht es um einzelne Aspekte für die Auswahl von Handlungsorten. Dazu spielen die Lernenden ein Quiz, ähnlich dem Spiel „Outburst". Die Klasse wird in zwei Gruppen geteilt. Immer ein Lernender zieht eine Spielkarte und nennt seiner Gruppe die dort stehende Person/Beruf oder ein Thema/einen Ort. Die Gruppe soll nun in einer festgelegten Zeit (30 Sekunden) drei dazugehörige Handlungsorte erraten. Der Schüler mit der Karte kann durch Beschreibungen der notierten Orte das Raten seiner Gruppe unterstützen. Erraten die Lernenden die drei Orte, bekommt die Gruppe einen Punkt. Dann ist das andere Team an der Reihe. Der Lehrende fungiert hier als Spielleiter. Nach 4–5 Durchläufen ist das Quiz zu Ende. Gemeinsam werden nun die Aspekte für die Auswahl der Handlungsorte besprochen. Anschließend finden die Lernenden sich in Kleingruppen zusammen und einigen sich auf ein Thema, zu dem sie sich Drehorte überlegen. Als Hausaufgabe erhalten sie den Auftrag, Zeitschriften, Prospekte usw. zur nächsten Stunde mitzubringen, um Collagen zu den Drehorten anzufertigen.

Stunde 3
In dieser Stunde fertigen die Lernenden verschiedene Collagen auf einem DIN-A4-Blatt zu ihren thematisch festgelegten Drehorten an. Anschließend kleben sie diese auf eine Pappe und präsentieren sie in der Klasse. Die anderen Lernenden müssen nun das Thema erraten.

Differenzierung

- Alternativ könnten die Lernenden als Hausaufgabe Fotos im Querformat an Orten machen, die für sie eine Bedeutung haben und die sie charakterisieren. Ausgedruckt im Format 9 x 13 cm bringen sie diese zur nächsten Stunde mit.

Drehorte

Drehorte haben eine besondere Bedeutung, werden durch ihre Wahl doch immer **bestimmte Informationen über die Menschen** in genau dieser Umgebung vermittelt. Damit sind Drehorte sehr gut geeignet, um die **Hauptpersonen** mithilfe des filmischen Raumes visuell **zu charakterisieren**. Das Gleiche gilt natürlich für **bestimmte Themen**, die in einem Film behandelt werden. Soll es z.B um das Leben in einem Altersheim gehen, findet man vielleicht ein geeignetes Gebäude, aber die Einrichtung passt nicht. Gerade wenn es um bestimmte Themen in einem Film geht oder Figuren, die einen speziellen Beruf haben, muss der Drehort ganz **bestimmte Merkmale** aufweisen. Handelt der Film von einem Friseur, erwartet der Zuschauer einen Salon mit den entsprechenden Gegenständen, geht es um Internetkriminalität, erwartet er Computer, Serverräume usw. Selbst bestimmte Genre, z. B. Thriller, Science-Fiction, verlangen nach typischen Drehorten, wie Tiefgarage oder Raumschiff.

Damit alles stimmig ist, reicht es also nicht immer aus, Drehorte so zu nehmen, wie man sie vorfindet. Oft muss noch nachgeholfen werden, um sie für den Darsteller oder das Thema optimal auszustatten. Dazu gehören bestimmte **Requisiten** (Gegenstände) und **Farben**. Es kommt auch vor, dass Drehorte **in einem Studio komplett nachgebaut** werden (das ist aber sehr teuer).

Auch arbeiten die Szenenbildner, die für die **Ausstattung des Drehortes** zuständig sind, mit dem Maskenbildner zusammen. So wird unter anderem abgesprochen, welche Kleidung (Farbe, Stil) die Personen anziehen und wie sie geschminkt werden, damit Personen und Drehort zusammenpassen.

Drehorte zu finden, ist ziemlich aufwändig. Deshalb gibt es sogenannte **„Location-Scouts"**. Diese suchen Drehorte nach den Vorgaben des Drehbuchs und in Absprache mit Szenenbildner und Regisseur. Wenn sie welche gefunden haben, die ihrer Meinung nach geeignet sind, machen sie Fotos oder kurze Filmaufnahmen, die sie dann dem Regisseur, Kameramann und dem Szenenbildner vorlegen. Diese besichtigen dann einige Orte und treffen letztlich die Entscheidung, welche für den Film am besten passen.

Bei **Dokumentationen** wählen die Filmemacher meist authentische Orte, um die Realität unverfälscht zu zeigen. Werden dabei Menschen porträtiert, findet die Auswahl der Drehorte häufig in einem Vorgespräch mit den Protagonisten statt. Im Gespräch können diese Hinweise auf Orte geben, die für sie eine besondere Bedeutung haben, beispielsweise Lieblingsplätze.

Drehorte

Aufgaben

1. **Lies dir das Infoblatt durch. Wenn du Fragen hast, tausche dich mit deinem Nachbarn aus, erst dann fragst du deinen Lehrer.**

2. **Schaut jetzt zu zweit die Filmstills an und beschreibt, an welchen verschiedenen Orten der Film spielt. Was erzählt der Ort/die Umgebung auf den Fotos über die Darsteller? Überlegt, welche Bedeutung die einzelnen Locations für die Charakterisierung der abgebildeten Personen haben. Notiert eure Antworten und besprecht die Ergebnisse anschließend in der Klasse.**

Hände weg von Mississippi

Vincent will Meer

Paris, Texas

Die Welle

Drehorte

KRANKENSCHWESTER Krankenhaus OP-Saal Krankenzimmer	**KOCH** Gemüsemarkt Küche Restaurant
MUSIKER Orchester Probenraum Bühne	**SCHULE** Klassenzimmer Pausenhalle Lehrerzimmer
Bäcker Laden Backstube Mühle	**POLIZIST** Wache Polizeiauto Gefängnis
MAURER Gerüst Baustelle Neubau	**ANWÄLTIN** Gerichtssaal Gefängniszelle Büro
KINO Kasse Kinosaal Projektorraum	**TIERPARK** Aquarium Elefantengehege Spielplatz
URLAUB Reisebüro Hotel Campingplatz	**REGISSEUR** Drehort/Set Kino Schnittraum

Berufe im Filmgeschäft

Filmberufe

Länge der Unterrichtseinheit

- 5 Unterrichtsstunden

Ziele der Unterrichtsstunden

- Die Lernenden kennen und beschreiben exemplarische Filmberufe.
- Die Lernenden bewerten unterschiedliche Funktionen und Aufgaben bei einer Filmproduktion.
- Die Lernenden setzen sich mit den beruflichen Anforderungen von Filmberufen auseinander.

Methoden und Verfahren

- Einzel-, Partner- und Gruppenarbeit
- Arbeit mit einem Making-of
- digitale Fotografie

Material

Stunden 1–3: verschiedene DVDs (s. u.); PCs/ Laptops, Beamer, Kopfhörer, Kopfhörerverteiler, Arbeitsblätter 1–2, ggf. Infoblatt
Stunden 4–5: digitale Fotokameras; Requisiten, Pappe, Kleber

Filmbeispiele:
„Winterschläfer", „Vincent will Meer", „Goethe", „Krabat" (hier die „Kino trifft Schule"-DVD von Matthias Film)

Ablauf der Unterrichtsstunden

Stunden 1+2
Die Lernenden betrachten in Kleingruppen verschiedene Making-ofs und erhalten so erste Informationen über die verschiedenen Tätigkeiten.
Sie schreiben die dargestellten Filmberufe auf ein Plakat und hängen es in der Klasse auf.
Alternativ kann der Lehrende auch der ganzen Klasse ein Making-of zeigen. Dann halten die Schüler die erkannten Filmberufe an der Tafel fest.
Im Anschluss daran ordnen sie zunächst in Einzelarbeit Berufsbeschreibungen den entsprechenden Berufen zu, vergleichen ihre Ergebnisse mit ihren Nachbarn und nehmen evtl. Korrekturen vor.
Dann erstellen die Lernenden zu zweit eine Zeitleiste über die Abfolge einer Filmproduktion und die daran beteiligten Berufe.
Bei Zeitmangel kann der Lehrende auch das Infoblatt austeilen und zu Hause lesen lassen.

Stunde 3
Die Lernenden erörtern schriftlich die Aussagen von Cuttern, Kameraleuten, Regisseuren usw.
Sie diskutieren ihre Interpretationen in einer Kleingruppe und stellen diese dann vor.

Stunden 4+5
In Kleingruppenarbeit erstellen die Lernenden ein Filmberufe-Memory. Sie fotografieren (oder zeichnen) dazu jeweils zwei, vier, sechs verschiedene Gegenstände oder Tätigkeiten, die zu einem Filmberuf gehören: z. B. einen Pinsel und das Modell eines Hauses für den Szenenbildner; einen Menschen, der einmal eine Grimasse schneidet und ein anderes Mal weint, für den Schauspieler usw. Die Fotografien werden geprintet und dann auf eine Pappe geklebt. Dann werden gleich große Karten ausgeschnitten.

Differenzierung

- Nach den ersten beiden Stunden können die Lernenden zusätzlich zu Hause Informationen zu den Filmberufen recherchieren.
- In Stunde 3 können die Aussagen der Filmleute auch zu zweit von einem schwächeren mit einem stärkeren Lernenden interpretiert werden.

Filmberufe 1/2

Im Umkreis der Filmproduktion gibt es die unterschiedlichsten Berufe. Die Arbeit dort ist Teamwork und ohne die Zusammenarbeit dieser vielen verschiedenen Menschen würde es keine fertigen Filme geben.

Von der Vorbereitung bis zur Fertigstellung gibt es für den **Regisseur** immer etwas zu tun. Er steht im Zentrum der kreativen Arbeit und trägt die künstlerische Verantwortung. Er fügt die dramaturgischen, visuellen, auditiven und schauspielerischen Elemente zu einem Gesamtwerk zusammen. Er bespricht sich mit allen am Film Beteiligten, teilt diesen seine Vorstellungen mit und berät die Umsetzung. Aber letztlich hat er immer das letzte Wort. Bei den Dreharbeiten führt er die Schauspieler und entscheidet darüber, wie viele Einstellungen gedreht werden. Auch beim Schnitt wirkt er mit. Er gibt Hinweise für den Rohschnitt und überwacht den Feinschnitt.

Goethe

Der Kameramann ist verantwortlich für die Komposition des Bildes und für das visuelle Konzept eines Films. Schon vor Drehbeginn werden die künstlerischen Grundlagen in den Vorgesprächen mit der Regie und der Ausstattung gelegt. Besonders wichtig ist er auch bei der Bestimmung von Schauplätzen, weil bei der Besichtigung oft schon Gespräche über Blickrichtung und Lichteinfall geführt werden. Während des Drehs entscheidet er gemeinsam mit der Regie über die Szenenauflösung und einzelne Einstellungen.

Der Szenenbildner ist verantwortlich für das räumliche und visuelle Erscheinungsbild des Films. Er erschafft Landschaften und Räume, manchmal ganze Städte. Er hat Kenntnisse in Architektur, Ästhetik und Geschichte, kann zeichnen und Modelle bauen. Mit seinen szenischen Entwürfen trägt er in erheblichem Maße zur Atmosphäre eines Films bei.

Als **Maskenbildner** braucht man handwerkliche Fähigkeiten zur Anfertigung z. B. von Perücken, Narben, Wunden usw. Dazu muss man sich mit berufsspezifischen Materialien auskennen. Genaue Kenntnisse der Kunst- und Kulturgeschichte (u. a. über historisches Make-up) sind ebenso nötig wie Sinn und Gefühl für Form und Farbe. Es geht ganz allgemein um die kosmetische Veränderung von Schauspielern.

Goethe

Vom **Kostümbildner** wird erwartet, dass er sich mit der Mode der Vergangenheit und der Gegenwart auskennt sowie Vorstellungen von der Mode der Zukunft hat. Er sollte handwerklich sowie kreativ und schöpferisch begabt sein. Stoff- und Materialkenntnisse sind ebenso notwendig wie das Wissen um die Wirkung von Farben, Licht und deren Wechselspiel.

Filmmaterial wird nicht in der chronologischen Reihenfolge gedreht, wie die Abfolge der Handlung im Drehbuch beschrieben ist. Der **Cutter** muss es erst in diese Reihenfolge bringen und das Material bekommt so eine dramaturgische Ordnung. Der Cutter montiert Bilder und Filmseqenzen, sie erhalten dann einen bestimmten Rhythmus. Auch muss er Bild und Ton synchronisieren (zeitlich in Übereinstimmung bringen), Musik unter die Bilder legen und alles richtig abmischen. Zunächst erstellt er die Rohfassung, da werden schon wichtige Entscheidungen über die Erzählweise getroffen. In der Feinfassung muss er dann oft kürzen, auch muss er ggf. noch einige Szenen umstellen. Meistens muss er auch noch Farbkorrekturen beim Filmmaterial vornehmen. Diese Arbeit erfolgt heute am Computer, sie erfordert gestalterische und technische Kenntnisse.

Filmberufe 2/2

Viele sagen, dass der **Produktionsleiter** „die Seele des Filmteams" ist. Es geht bei diesem Beruf hauptsächlich um die Organisation der Drehtage und den reibungslosen Ablauf. Von der Koordination der Drehortsuche über das Einholen der Drehgenehmigungen bis hin zur Organisation von Transport und Catering umfasst dieser Beruf eine Fülle von Aufgaben. Wichtig ist die Aufteilung des zur Verfügung stehenden Geldes auf die einzelnen Bereiche des Films, wie Technik, Transport, Catering usw., sowie die Überwachung, dass die geplanten Ausgaben auch eingehalten werden.

Der **Toningenieur/Sounddesigner** muss technisch und künstlerisch sehr gute Fähigkeiten haben. Seine Aufgabe bezieht sich darauf, das Pegelverhältnis (Lautstärke) des Tons, also das Verhältnis der Sprache mit den Geräuschen und der Atmo abzustimmen und die Sprachsynchronisation zu überwachen. Auch müssen Effekte ausgewählt werden, die bestimmte emotionale Stimmungen erzeugen. Er ist verantwortlich für die gesamte Klanggestaltung des Films und für das Funktionieren der Zusammenarbeit der vielen Spezialisten.

Goethe

Der **Schauspieler** wird gecastet, also unter vielen anderen ausgesucht, denn nicht jeder von ihnen passt zu einer bestimmten Rolle. Er muss auf Kommando weinen können, sich in verschiedene Charaktere hineinversetzen und sehr gut auswendig lernen können. Aber nicht nur Sprache und Stimme sind wichtig für diesen Beruf, sondern auch die Fähigkeit, sich mit Gesten und Mimik ausdrücken zu können. Hilfreich sind auch ein gutes Einfühlungsvermögen und eine gute Beobachtungsgabe.

Zu Beginn eines Filmes erstellt der **Drehbuchautor** ein Buch, in dem eine Geschichte erzählt wird. Dieses Buch enthält in der Regel Dialoge, Beschreibungen der Schauplätze, zeitliche Angaben, manchmal auch Informationen über Requisite, Kostüme und Geräusche. In diesem Buch werden Menschen beschrieben, ihre Charaktere, was sie fühlen und warum und wie sie handeln.

Goethe

Der **Produzent** organisiert im Wesentlichen die Entwicklung von der Filmidee bis zum Drehbuch, sorgt für die Finanzierung und bringt die wichtigen Akteure des Filmprojekts zusammen. Außerdem trifft er Vorkehrungen dafür, dass der Regisseur sich auf die künstlerische Arbeit konzentrieren kann.

Der **Stuntman** ist derjenige, der die schwierigen und gefährlichen Szenen für die Schauspieler vor der Kamera dreht, weil sich diese nicht verletzen dürfen. Ein Stuntman muss körperlich fit, mutig und akrobatisch sein. Wichtiger Bestandteil des Berufs ist die Planung und Vorbereitung der Aktionen, damit das Risiko gering bleibt.

Filmberufe 1/3

Du hast in dem Making-of eine Menge Filmberufe gesehen. Auf den folgenden Seiten werden einige beschrieben, ohne dass genannt wird, um welchen Beruf es sich handelt.

Aufgaben

1. **Ordne die Beschreibungen den in der Tabelle stehenden Berufen zu, indem du die entsprechenden Zahlen in die zweite Spalte schreibst. Vergleiche deine Ergebnisse anschließend mit denen deines Nachbarn.**

	Filmberufe	Nummer
A	Produktionsleiter	
B	Drehbuchautor	
C	Schauspieler	
D	Cutter	
E	Kameramann	
F	Maskenbildner	
G	Produzent	
H	Toningenieur/Sounddesigner	
I	Szenenbildner	
J	Kostümbildner	
K	Stuntman	
L	Regisseur	

2. **Erstellt zu zweit eine Zeitleiste. Sie soll zeigen, in welcher Reihenfolge die Berufe beim Film benötigt werden. Damit es nicht zu schwer wird, ist die Zeitleiste in Vorproduktion (die Planungsphase), Produktion (Phase der Dreharbeiten) und Postproduktion (Nachbearbeitungsphase) unterteilt. Ordnet die einzelnen Berufe mithilfe der Buchstaben der entsprechenden Phase in der richtigen Reihenfolge zu.**

Vorproduktion | Produktion | Postproduktion

Filmberufe 2/3

1) Von der Vorbereitung bis zur Fertigstellung gibt es für Menschen, die diesen Beruf ausüben, immer etwas zu tun. Sie stehen im Zentrum der kreativen Arbeit und tragen die künstlerische Verantwortung. Sie fügen die dramaturgischen, visuellen, auditiven und schauspielerischen Elemente zu einem Gesamtwerk zusammen. Sie besprechen sich mit allen am Film Beteiligten, teilen diesen ihre Vorstellungen mit und beraten die Umsetzung. Aber letztlich haben sie immer das letzte Wort. Bei den Dreharbeiten führen sie die Schauspieler und entscheiden darüber, wie viele Einstellungen gedreht werden. Auch beim Schnitt wirken sie mit. Sie geben Hinweise für den Rohschnitt und überwachen den Feinschnitt.

2) Er ist verantwortlich für die Komposition des Bildes und für das visuelle Konzept eines Films. Schon vor Drehbeginn werden die künstlerischen Grundlagen in den Vorgesprächen mit der Regie und der Ausstattung gelegt. Besonders wichtig ist er auch bei der Bestimmung von Schauplätzen, weil bei der Besichtigung oft schon Gespräche über Blickrichtung und Lichteinfall geführt werden. Während des Drehs entscheidet er gemeinsam mit der Regie über die Szenenauflösung und einzelne Einstellungen.

3) Diese Personen sind verantwortlich für das räumliche und visuelle Erscheinungsbild des Films. Sie erschaffen Landschaften und Räume, manchmal ganze Städte. Sie haben Kenntnisse in Architektur, Ästhetik und Geschichte, können zeichnen und Modelle bauen. Mit ihren szenischen Entwürfen tragen sie in erheblichem Maße zur Atmosphäre eines Films bei.

4) Bei diesem Beruf braucht man handwerkliche Fähigkeiten zur Anfertigung z. B. von Perücken, Narben, Wunden usw. Dazu muss man sich mit berufsspezifischen Materialien auskennen. Genaue Kenntnisse der Kunst- und Kulturgeschichte (u. a. über historisches Make-up) sind ebenso nötig wie Sinn und Gefühl für Form und Farbe. Es geht ganz allgemein um die kosmetische Veränderung von Schauspielern.

5) Die Menschen, die diesen Filmberuf ausüben, müssen sich mit der Mode der Vergangenheit und der Gegenwart auskennen sowie Vorstellungen von der Mode der Zukunft haben. Sie sollten handwerklich sowie kreativ und schöpferisch begabt sein. Stoff- und Materialkenntnisse sind ebenso notwendig wie das Wissen um die Wirkung von Farben, Licht und deren Wechselspiel.

6) Filmmaterial wird nicht in der chronologischen Reihenfolge gedreht, wie die Abfolge der Handlung im Drehbuch beschrieben ist. Die Person mit diesem Beruf muss es erst in diese Reihenfolge bringen und das Material bekommt so eine dramaturgische Ordnung. Die Person montiert Bilder und Filmseqenzen, sie erhalten dann einen bestimmten Rhythmus. Auch muss die Person Bild und Ton synchronisieren (zeitlich in Übereinstimmung bringen), Musik unter die Bilder legen und alles richtig abmischen. Zunächst erstellt sie die Rohfassung, da werden schon wichtige Entscheidungen über die Erzählweise getroffen. In der Feinfassung muss sie dann oft kürzen, auch muss sie ggf. noch einige Szenen umstellen. Meistens muss sie auch noch Farbkorrekturen beim Filmmaterial vornehmen. Diese Arbeit erfolgt heute am Computer, sie erfordert gestalterische und technische Kenntnisse.

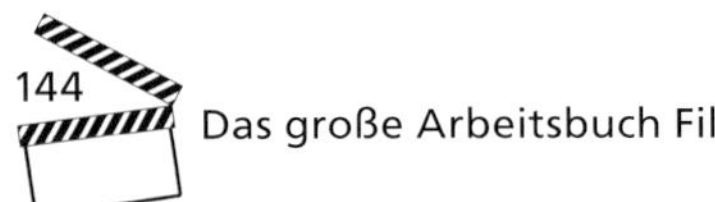

Filmberufe 3/3

7) Viele sagen, dass er „die Seele des Filmteams" ist. Es geht bei diesem Beruf hauptsächlich um die Organisation der Drehtage und den reibungslosen Ablauf. Von der Koordination der Drehortsuche über das Einholen der Drehgenehmigungen bis hin zur Organisation von Transport und Catering umfasst dieser Beruf eine Fülle von Aufgaben. Wichtig ist die Aufteilung des zur Verfügung stehenden Geldes auf die einzelnen Bereiche des Films, wie Technik, Transport, Catering usw., sowie die Überwachung, dass die geplanten Ausgaben auch eingehalten werden.

8) Er muss technisch und künstlerisch sehr gute Fähigkeiten haben. Seine Aufgabe bezieht sich darauf, das Pegelverhältnis (Lautstärke) des Tons, also das Verhältnis der Sprache mit den Geräuschen und der Atmosphäre abzustimmen und die Sprachsynchronisation zu überwachen. Auch müssen Effekte ausgewählt werden, die bestimmte emotionale Stimmungen erzeugen. Er ist verantwortlich für die gesamte Klanggestaltung des Films und für das Funktionieren der Zusammenarbeit der vielen Spezialisten.

9) Sie werden gecastet, also unter vielen anderen ausgesucht, denn nicht jeder von ihnen passt zu einer bestimmten Rolle. Sie müssen auf Kommando weinen können, sich in verschiedene Charaktere hineinversetzen und sehr gut auswendig lernen können. Aber nicht nur Sprache und Stimme sind wichtig für diesen Beruf, sondern auch die Fähigkeit, sich mit Gesten und Mimik ausdrücken zu können. Hilfreich sind auch ein gutes Einfühlungsvermögen und eine gute Beobachtungsgabe.

10) Zu Beginn eines Filmes erstellt er ein Buch, in dem eine Geschichte erzählt wird. Dieses Buch enthält in der Regel Dialoge, Beschreibungen der Schauplätze, zeitliche Angaben, manchmal auch Informationen über Requisite, Kostüme und Geräusche. In diesem Buch werden Menschen beschrieben, ihre Charaktere, was sie fühlen und warum und wie sie handeln.

11) Er organisiert im Wesentlichen die Entwicklung von der Filmidee bis zum Drehbuch, sorgt für die Finanzierung und bringt die wichtigen Akteure des Filmprojekts zusammen. Außerdem trifft er Vorkehrungen dafür, dass der Regisseur sich auf die künstlerische Arbeit konzentrieren kann.

12) Sie sind die Leute, die die schwierigen und gefährlichen Szenen für die Schauspieler vor der Kamera drehen, weil sich diese nicht verletzen dürfen. Diese Leute müssen körperlich fit, mutig und akrobatisch sein. Wichtiger Bestandteil des Berufs ist die Planung und Vorbereitung der Aktionen, damit das Risiko gering bleibt.

Filmberufe

Man sammelt Szenen und erinnert sich an die Schlüsselmomente seines Lebens als solche. Man ist immer wach. Es gibt keinen Dialog und keine Situation, sei es auf der Straße oder im eigenen Wohnzimmer, die nicht spannend sind. Alles, was man erlebt, alles ist Stoff. Alles, was man beobachtet, setzt die Fantasie in Bewegung. Ich sehe Menschen in der U-Bahn und überlege mir, woher sie kommen, wer sie erwartet, was in ihrer Tasche steckt. Ich überlege mir, was wäre, wenn das Leben der anderen mein Leben wäre. Und schon habe ich den Anfang einer Geschichte.
Christina Kallas, Drehbuchautorin

(Quelle: Christina Kallas [2007]: Kein größeres Glück. In: Ottersbach, B. / Schadt, Th. [Hrsg.]: Drehbuchautoren-Bekenntnisse. Konstanz: UVK, Seite 75)

Wir hoffen immer, dass wir durch Erfahrung bessere Cutter werden! Man muss aber eine Intuition für das Handwerk mitbringen – für mich beginnt es damit, sich zu fragen, was das Publikum sieht. Was es denkt. Man versucht, soweit wie möglich selbst Zuschauer zu sein. Beim Übergang von einer Einstellung zur anderen muss man sich ziemlich sicher sein, wohin das Auge des Publikums blickt und worauf sich die Aufmerksamkeit konzentriert. Das lässt den Schnitt funktionieren – oder auch nicht.
Walter Murch, Cutter

(Quelle: Walter Murch [2005]. In: Ondaatje, M.: Die Kunst des Filmschnitts. München: dtv, Seite 39/40)

Es ist das Erschaffen einer Welt (ja wie in der Kindheit!), die vom innersten der Helden bis zum letzten vollen oder leeren Aschenbecher im Bild reicht. Denn selbst die Entscheidung, ob der Aschenbecher aus geschliffenem Glas oder aus Blech ist, erzählt etwas und beeinflusst das Gesamt-Ganze. Ich betrachte es als meine Aufgabe, dass diese Welt so stimmig ist, dass der Zuschauer glaubt, dass er in dieser Welt ist. Wenn ein Detail nicht stimmt, also nicht glaubwürdig ist, dann wird der Zuschauer aus meiner Welt herausgerissen. Das darf ich als Regisseur nicht zulassen.
Vivian Naefe, Regisseurin

(Quelle: Vivian Naefe [2006]: Regiebekenntnis. In: Ottersbach, B. / Schadt, Th. [Hrsg.]: Regiebekenntnisse. Konstanz: UVK, Seite 109)

Den Stil eines Films, seiner Bilder, seines „Looks", wie man heute sagt, zu finden, ist vielleicht die schwierigste Phase, die verwirrendste und die gefährlichste in der ganzen Herstellung eines Films. Am Anfang stehen uns Worte zur Verfügung: die Wörter des Drehbuchs, die Wörter des/der Regisseur/in und wir müssen sie in Bilder umwandeln. Ich habe mich oft als Übersetzerin betrachtet.
Sophie Maintigneux, Kamerafrau

(Quelle: Sophie Maintigneux [2008]: Ein paar Bekenntnisse. In: Ottersbach, B./Schadt, Th. [Hrsg.]: Kamerabekenntnisse. Konstanz: UVK, Seite 159)

Der Trend im Film geht immer weiter in Richtung Realismus. Wenn der Zuschauer einen Film sieht, muss er glauben, dass er Wirklichkeit ist, es sei denn, es handelt sich um reine Fantasie. Filmsets sollen nicht wie Theaterkulissen wirken. Man verwendet vermehrt glaubwürdige Hintergründe, die sowohl dem Publikum, als auch den Schauspielern helfen.
Richard Day, Szenenbildner

(Quelle: Richard Day [1989]: In: Manthey, D./Bär, W./Altendorf, J. [Hrsg.]: Wie ein Film entsteht. Hamburg: Kino Verlag, Seite 78)

Aufgaben

1. **Erörtert schriftlich die Aussagen von Cuttern, Kameraleuten, Regisseuren usw. Was sagen die Personen über ihre Berufe aus?**
2. **Diskutiert eure Interpretationen in einer Kleingruppe. Stellt in der Klasse vor, welchen Eindruck ihr von den Berufen gewonnen habt.**
3. **Diskutiert in der Klasse: Könntet ihr euch vorstellen, in einem der Berufe zu arbeiten?**

Filmgeschichte

Filmepochen

Länge der Unterrichtseinheit

- 5 Unterrichtsstunden

Ziele der Unterrichtsstunden

- Die Lernenden kennen und unterscheiden Filme unterschiedlicher Epochen.
- Die Lernenden erläutern die Bedeutung von Filmklassikern.
- Die Lernenden beschreiben die Bedeutung der filmtechnischen Entwicklung für die Gestaltung und Rezeption von Filmen.

Methoden und Verfahren

- Einzel-, Partner- und Gruppenarbeit
- Recherche im Internet und in Filmlexika
- Poster-Präsentationen, Museumsgang

Material

Stunde 1+2: Informations- und Arbeitsblätter (Schwedenrätsel), diverse Filmlexika oder ein Computerraum mit Internetzugang, evtl. Overheadfolie, OHP
Stunden 3–5: Arbeitsblätter, diverse Filmlexika oder ein Computerraum mit Internetzugang, Plakatblätter, Stifte

Ablauf der Unterrichtsstunden

Stunde 1
Die Lernenden lesen das Informationsblatt, tauschen sich mit ihrem Nachbarn aus und lösen anschließend zur Sicherung des Inhalts ein Rätsel (Arbeitsblatt 1).

Stunde 2
Die Lernenden recherchieren im Internet oder in Filmlexika Filme, die für eine bestimmte Epoche stehen. Dabei orientieren sie sich an Arbeitsblatt 2. Im Anschluss daran tauschen sie sich mit ihrem Nachbarn aus. Zum Ende der Stunde kann der Lehrende in der Klasse die gewählten Filme abfragen und die für die jeweiligen Epochen am häufigsten genannten auf einer Overheadfolie eintragen.

Stunden 3+4
Zunächst ordnen die Lernenden in Einzelarbeit Schauspieler sowie Regisseure anhand des Arbeitsblattes 2 den verschiedenen Epochen zu. Die dazu nötigen Informationen suchen sie sich aus Filmlexika (Buch/Internet) heraus. Im Anschluss daran finden sich die Lernenden in sieben Kleingruppen zusammen. Jede Kleingruppe übernimmt eine Person aus jeweils einer Epoche (hier muss der Lehrende die Verteilung übernehmen) und fertigt ein Lernplakat an, das weitergehende Informationen enthält. Die Plakate werden in einem Museumsgang präsentiert.

Stunde 5
In dieser Stunde bearbeiten die Lernenden Arbeitsblatt 3. Sie versuchen, anhand der Filmbeschreibungen Hinweise zu finden, die die Epoche des Films verraten. Dazu sollten sie das Informationsblatt zu Hilfe nehmen. Sie begründen in kurzen Stichworten ihre Entscheidung und diskutieren sie mit ihrem Nachbarn.

Differenzierung

- Für Lernende der unteren Klassenstufen kann das Schwedenrätsel (Stunde 1) auch gemeinsam in der Klasse gelöst werden.
- In Stunde 3+4 sollte der Lehrende für die Lernplakate eine Struktur vorgeben.
- Stunde 5 ist für die höheren Jahrgangsstufen gedacht.

Lösung Kreuzworträtsel

Senkrecht: 1. Italo, 2. Sieben, 3. Lumiere, 4. Hollywood, 5. MGM,
Waagerecht: 1. Vague, 2. Film Noir, 3. Ton, 4. Edward, 5. UFA, 6. Epoche
Lösungswort: Stummfilm

Filmepochen 1/2

Im Rahmen der Filmgeschichte gibt es zwei wesentliche Einschnitte, die unumstritten sind. Das ist zum einen der Übergang vom **Stumm- zum Tonfilm** und zum anderen der Übergang vom **Schwarz-Weiß- zum Farbfilm**. Inwieweit die Digitalisierung und 3D-Technik einen solchen Einschnitt markieren, ist noch nicht abzusehen. Deutlich aber ist, dass diese Einschnitte mit der **Entwicklung der Filmtechnik** zu tun haben – und damit die Filmtechnik einen erheblichen Einfluss auf Gestaltung und Ästhetik des Films hat. Neben diesen technischen Aspekten sind aber auch Merkmale wie Inhalt und Genre geschichtlich zuzuordnen, allerdings oft nicht eindeutig. Die folgende Aufteilung in Epochen, also in Zeitabschnitte, berücksichtigt alle Merkmale.

1895 – 1900: Frühgeschichte des Films

Die Geschichte des Films beginnt mit den französischen Brüdern Lumière. Sie führten die ersten Filme vor, die in einer einzigen Einstellung gedreht wurden: „Arbeiter verlassen die Fabrik" und „Die Ankunft des Zuges". Aber auch in anderen europäischen Ländern gibt es ähnliche Versuche mit dem bewegten Bild.

1900 – 1914: Vom Kurzfilm zum Langfilm

In dieser Zeit entstehen die ersten Filmproduktionsfirmen und es gibt die ersten Filmstars. Mit dem Film kann man jetzt Geld verdienen. In Hollywood siedeln sich erste Studios an, die später den Filmmarkt beherrschen werden. „Der große Eisenbahnraub" ist der erste amerikanische Western (1903), auch andere Genre, wie Monumental- und Politfilme, entstehen. Gegen Ende dieser Zeit werden aus den Kurz- zunehmend Langfilme.

1915 – 1933: Vom Stummfilm zum Tonfilm

In Hollywood setzen sich fünf große Produktionsfirmen durch, unter ihnen „Warner Bros". (WB) und „Metro-Goldwyn-Mayer" (MGM). Sie führen das sogenannte Studiosystem ein. D.h., es wurde erstmals arbeitsteilig gearbeitet und Vorgaben für Stil und Gestaltung gemacht. So war es möglich, sehr viele Filme zu produzieren.
Bekannt wurde in dieser Zeit Charlie Chaplin mit seinen Slapstick-Filmen. 1927 kam der erste Tonfilm heraus („Der Jazzsänger"). In Deutschland wurde 1917 die Produktionsfirma „Universum Film AG" (UFA) gegründet. Ab 1933 gab es fast keine Stummfilme mehr. Bekannt wurde in dieser Zeit auch der Russe Sergej Eisenstein, der das bewusste Zusammenschneiden von Filmszenen (Montage) perfektionierte. Sein berühmtester Film ist „Panzerkreuzer Potemkin".

Filmepochen 2/2

1933 – 1945: Blütejahre, Nationalsozialismus und 2. Weltkrieg

Mit Farbe im Film wurde schon lange experimentiert, so scheint der erste kurze farbige Film schon 1902 von dem Erfinder Edward Turner aufgenommen worden zu sein. Doch der richtige Durchbruch gelang in den 1930er-Jahren der Firma Technicolor. In dieser Zeit ist die Blüte des Hollywoodfilms.

Die Nationalsozialisten verstaatlichten 1933 die UFA und setzten Film als Propagandamittel ein. Sie ließen Filme produzieren, die die Welt in Gut und Böse einteilen, wobei nur die Nazis die Guten sind. Besonders wurden die Juden in den Filmen diskriminiert. Es entstand zudem eine faschistische Ästhetik, indem der Körperkult der gesunden Menschen in den Mittelpunkt gestellt wurde. Gleichzeitig entstanden in Deutschland viele Unterhaltungsfilme, z. B. mit Stars wie Zarah Leander (Foto), Marika Rökk oder Heinz Rühmann, die von den Leiden des Krieges ablenken sollten.

1945 – 1960: Die Nachkriegszeit

Ab ca. 1950 hatte sich die Filmindustrie von den Auswirkungen des 2. Weltkriegs erholt, gleichzeitig begann in den 1950er-Jahren der Siegeszug des Fernsehens, gegen den der Film sich zu wehren hatte. In vielen europäischen Ländern entstanden Filme, die sich vor allem mit sozialkritischen Inhalten auseinandersetzen, wie in Italien, wo der sogenannte Neorealismus Filme wie Vittorio De Sicas „Fahrraddiebe" hervorbrachte. Diese Entwicklung hatte auch Auswirkungen in den USA. Dort entstanden die sogenannten „Schwarze Serie"-Filme (Film Noir), mit Antihelden und besonderen Beleuchtungseffekten. Auch wurden wieder Monumentalfilme gedreht, weil neue technische Verfahren, wie das Cinemascope-Format, „große und breite" Bilder auf die Leinwand brachten.

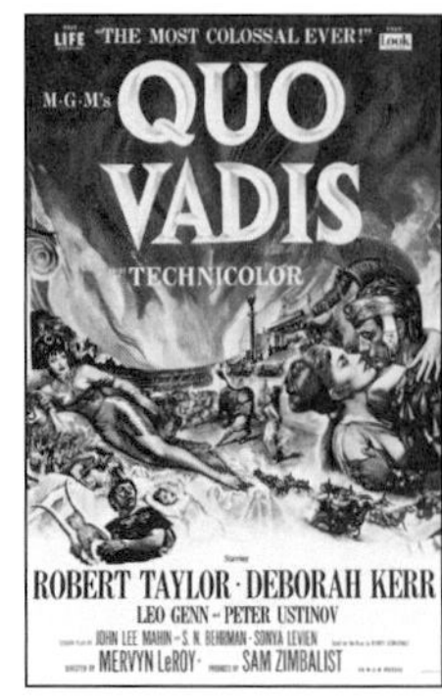

1960 – 1980: Künstlerische Aufbrüche/ Neue Wellen

In Deutschland entsteht der „Neue deutsche Film", der gegen die reinen Unterhaltungsfilme zum einen Filme mit gesellschaftspolitischen Inhalten setzt und zum anderen den Film als Kunstform sieht.
In England entstehen die ersten Serienspielfilme, der Italowestern feiert Erfolge, sogenannte Roadmovies kommen in die Kinos. Aber vor allem die französischen Filme der „Nouvelle Vague" (Neue Welle) produzieren bedeutende Filme. Auch in anderen Ländern entstanden Filme, die sich mit Themen des gesellschaftspolitischen Alltags auseinandersetzten.

1980 bis heute: Postmoderne

Ab den frühen 1980er-Jahren ist der Film endgültig Teil des großen Kommunikations- und Medienangebotes. Filme werden für Kino und Fernsehen produziert, es entstehen zunehmend Mischformen aus verschiedenen Genres und damit auch Stilmixe. Zudem ermöglicht die Computertechnik neue Bearbeitungsmöglichkeiten für den Film. (Fast) alles ist möglich. Neben den Erfolgen der großen Hollywood-Blockbuster gelingt es immer mehr, auch in Deutschland kommerziell erfolgreiche Filme zu produzieren, daneben besteht aber weiterhin die Tradition der gesellschaftspolitischen Filme.

(Informationen nach: Walter Faulstich: Filmgeschichte. Fink, 2005 und James Monaco: Film verstehen. Reinbek, 2002)

Filmepochen

Aufgaben

1. **Lies dir das Informationsblatt genau durch. Unterstreiche die wichtigen Stellen und vergleiche sie mit deinem Nachbarn.**
2. **Löst dann gemeinsam das Kreuzworträtsel.**

Senkrecht:

1. In den 1970er-Jahren feiert der ...-western Erfolge.
2. Anzahl der Filmepochen
3. französische Filmbrüder
4. Ort der ersten Filmstudios
5. Abkürzung für Metro-Goldwyn-Mayer

Waagerecht:

1. In Frankreich entstand in den 1960er-Jahren die Nouvelle …
2. sogenannte „schwarze Serie"
3. Neuerung im Film in den 1920er-Jahren
4. Vorname des Erfinders des Farbfilms
5. deutsche Filmproduktionsfirma
6. Ein Zeitabschnitt ist eine …

Lösungswort

Filmepochen

Aufgaben

1. **Suche im Internet oder einem Filmlexikon Filme, die für eine bestimmte Epoche stehen, und trage sie in einen Zeitstrahl ein. Vergleiche die Ergebnisse mit deinem Nachbarn und erläutere deine Wahl.**
2. **Ordne folgende Personen (Schauspieler, Regisseure) den Filmepochen zu. Suche dir Informationen aus einem Filmlexikon oder/und recherchiere im Internet.**

Person	**bekannte/r Film/e**	**Epoche**
Alfred Hitchcock lebt(e) von:		
Johnny Depp lebt(e) von:		
John Wayne lebt(e) von:		
Asta Nielsen lebt(e) von:		
Steven Spielberg lebt(e) von:		
Marilyn Monroe lebt(e) von:		
Leni Riefenstahl lebt(e) von:		
George Méliès lebt(e) von:		
Keanu Reeves lebt(e) von:		
François Truffaut lebt(e) von:		
Fritz Lang lebt(e) von:		
Grace Kelly lebt(e) von:		
Rainer Werner Fassbinder lebt(e) von:		
Fatih Akin lebt(e) von:		

Filmepochen

Aufgabe

Im Folgenden sind einige Filme beschrieben. Versuche, in den Beschreibungen Hinweise zu finden, die dir die Epoche verraten, in der der Film entstanden ist. Begründe deine Entscheidung und vergleiche sie anschließend mit deinem Nachbarn.

Filmbeschreibung	Epoche	Begründung
Im siebten Fall des englischen Spionagehelden James Bond geht es wieder einmal um einen bekannten Bösewicht und um gestohlene Diamanten. Es stellt sich aber schnell heraus, dass der Diamantenraub nur Teil eines viel größeren Komplotts ist.		
Der Film ist ein Mix aus Thriller, Science-Fiction und Actionfilm. Übers Internet nimmt eine Organisation Kontakt mit dem Hacker Neo auf, um ihn einerseits anzuwerben und andererseits vor einer virtuellen Macht, die die Welt beherrscht, zu warnen.		
In der Stummfilmkomödie wird der Klondike-Goldrausch in den USA thematisiert. Ein einsamer Goldgräber findet das Edelmetall und kehrt als Millionär in seine Heimat zurück. Bis es allerdings so weit ist, muss er viele Abenteuer bestehen. So muss er sich unter anderem vor einem Schneesturm in eine Hütte retten und überwindet seinen Hunger, indem er seine Schnürsenkel kocht und diese wie Spaghetti verspeist.		
In dem Dokumentarfilm „Fest der Schönheit" über die Olympischen Spiele in Berlin zeigt Leni Riefenstahl das Schöne von Körper und Bewegung in einer glorifizierenden Darstellung athletischer Körper.		
Eine verwitwete, ältere Putzfrau lernt den Marokkaner Ali in einer Bar in München kennen und heiratet ihn. Doch die Umgebung kann das Paar nicht akzeptieren. Nach einer nachgeholten Hochzeitsreise scheint alles besser zu gehen, doch das Paar lebt sich auseinander.		

Literatur auf der Leinwand

Länge der Unterrichtseinheit

- 5–6 Unterrichtsstunden

Ziele der Unterrichtsstunden

- Die Lernenden beschreiben den Unterschied zwischen literarischem und visuellem Erzählen.
- Die Lernenden entwickeln Beurteilungskriterien hinsichtlich der Filmadaption eines literarischen Stoffes.

Methoden und Verfahren

- Einzel-, Partner- und Gruppenarbeit
- Arbeit mit literarischen Vorlagen

Material

- *Stunden 1+2:* Informations- und Arbeitsblatt 1, alternative Filmkritiken
- *Stunde 3:* Arbeitsblatt 2, Computerraum mit Internetzugang
- *Stunden 4+5:* Arbeitsblatt 3, Auszug aus Romanen

Ablauf der Unterrichtsstunden

Stunden 1+2
Die Lernenden lesen das Informationsblatt und erstellen eine Tabelle über Vor- und Nachteile einer Verfilmung literarischer Stoffe. Die Ergebnisse vergleichen sie mit ihrem jeweiligen Nachbarn. In einer Kleingruppe bearbeiten sie anschließend den Auszug einer Filmkritik, die Buch und Film vergleicht (Arbeitsblatt 1).

Stunde 3
Die Lernenden recherchieren mithilfe von Arbeitsblatt 2 Filme, die auf der Grundlage literarischer Vorlagen entstanden sind. Im Anschluss suchen sie sich einen Film heraus, den sie gern einmal sehen möchten, und begründen ihre Wahl. Der Lehrende kann dann aus den Vorschlägen einen der Filme heraussuchen und evtl. einen Kinobesuch organisieren (Schulkinovorstellung).

Stunden 4+5
In dieser Stunde verteilt der Lehrende einen Ausschnitt aus einem Roman, der Ausgangspunkt für das Schreiben einer Drehbuchszene sein soll (für höhere Jahrgangsstufen eignet sich z.B. das Buch „Räuberhände" von Finn Ole Heinrich, für untere Klassenstufen „Norbert Nobody oder Das Versprechen" von Nicky Singer). Die Lernenden lesen den Text und nähern sich diesem in Bezug auf das Drehbuchschreiben mithilfe der Tabelle in Arbeitsblatt 3. Die Ergebnisse werden mit einem Partner ausgetauscht und ggf. ergänzt. Sie entwerfen zu zweit ein Konzept für eine Drehbuchszene, indem sie wesentliche Aspekte festlegen, und beginnen dann mit dem Dialogisieren. (Möglicherweise brauchen die Lernenden mehr Zeit als angegeben.) Die Drehbuchszenen lesen sie in der Klasse vor und diskutieren sie.

Differenzierung

- Für untere Jahrgangsstufen kann man auf die Aufgabe auf Arbeitsblatt 1 auch verzichten, man kann auch eine Filmkritik zu einem Kinder- oder Jugendfilm heraussuchen („Momo", „Herr der Diebe" usw.).
- In den Stunden 4+5 ist eine einfachere Variante, statt des Dialogschreibens aus dem Konzept eine Filmgeschichte erzählen oder auch zeichnen zu lassen.

Literatur auf der Leinwand

Seitdem es die Kunstgattung Film gibt, werden Romane, Kurzgeschichten oder Theaterstücke als Vorlage für Filme benutzt. Dabei besteht grundsätzlich die Schwierigkeit bzw. Herausforderung, einen Stoff/ein Thema in ein anderes, **visuelles Medium** zu übertragen.

Die Vorstadtkrokodile

So ist es nicht weiter verwunderlich, dass es einen Streit darüber gibt, wie genau die Vorlage eigentlich umgesetzt werden soll. Man spricht hier von **Werktreue**. Diejenigen, denen die literarische Vorlage im Film zu frei umgesetzt worden ist, sprechen dann auch in der Regel von einer „Verflachung" der Vorlage, was bedeutet, dass der Film der Vorlage nicht gerecht geworden ist.
Zu bedenken ist jedoch, dass der Film schon aufgrund seiner zeitlichen Begrenzung (die meisten Spielfilme sind zwischen 90 und 120 Minuten lang) immer nur vom Regisseur ausgewählte Teile der Vorlage übernehmen kann, die dann mit filmischen Mitteln umgesetzt werden. So muss ein Regisseur im Gegensatz zu einem Schriftsteller dem Zuschauer **Bilder anbieten**, mit denen die Geschichte erzählt wird. Mit bewegten Bildern eine Geschichte zu erzählen, ist aber ganz anders als mit Worten, weil Filmemachen nach **anderen Regel** funktioniert als Bücherschreiben. Das kann unter anderem sogar bedeuten, dass der Regisseur einen anderen Ort für seinen Film wählt als in der literarischen Vorlage beschrieben oder auch Personen weglässt, weil sie für den Hauptkonflikt seiner Meinung nach nicht wichtig sind. Auch kann eine Person im Film zu einer anderen Zeit als im Buch auftreten.
So gesehen ist die Verfilmung einer literarischen Vorlage **Ausgangspunkt** für ein neues Werk. Der Film beruht auf dieser Vorlage, und ist immer die eigene Interpretation des Regisseurs.

Nirgendwo in Afrika

Viele Experten sprechen von **Literaturverfilmung** oder besser: Literatur auf der Leinwand allerdings nur, wenn es sich bei der Vorlage um sogenannte „Hochliteratur" handelt, also Bücher bzw. Romane z. B. von Goethe („Die Leiden des jungen Werther"), Kleist („Michael Kohlhaas"), Preußler („Krabat") usw. Die meisten Vorlagen für Filme liefern aber Werke aus der Trivialliteratur, wie beispielsweise Kriminal- und Spionageromane oder Horrorgeschichten.

Literatur auf der Leinwand

Aufgabe

Bearbeitet in einer Kleingruppe nun den folgenden Auszug einer Filmkritik, die Buch und Film vergleicht. Arbeitet die Argumente der Autorin heraus, die die Verfilmung für nicht besonders gelungen hält.

„Das Parfum": Um Nasenlänge verfehlt

Von Jenny Hoch

Produzent Bernd Eichinger und Regisseur Tom Tykwer haben den richtigen Riecher für großes Kino. Die Filmadaption von Patrick Süskinds Bestseller „Das Parfum" ist ihnen dennoch missglückt: Statt seelischer Abgründe werden Nasenhöhlen erkundet.

[...]

„Das Parfum" wurde in mehr als 40 Sprachen übersetzt und erreichte eine Gesamtauflage von rund 15 Millionen Exemplaren [...] Der Film kommt entsprechend aufwendig daher. Mit rund 50 Millionen Euro Kosten ist er die bisher teuerste deutsche Filmproduktion.

[...]

Trotz des gigantischen Aufwands ist ein Problem nicht wegzureden: Im Zentrum der Vorlage steht mit dem Geruchssinn etwas Unsichtbares, etwas, das sich naturgemäß schlecht in Bildern einfangen lässt. Im Buch ließ Süskind die olfaktorische Wahrnehmungswelt [= die Riechwahrnehmung] seiner Hauptfigur mit der Kraft des Wortes auferstehen.

[...]

Im Kino versucht Regisseur Tom Tykwer, die Innenperspektive der literarischen Vorlage mit extremem Stilwillen auszugleichen. Rasend schnell senkt sich die Kamera auf eklige Fleischbrocken, glitschige Muscheln, vernarbte Visagen und dreckige Gliedmaßen. Im Kontrast dazu tragen schwärmerische Musikkaskaden, von Tykwer zum Teil selbst komponiert, von Simon Rattle mit seinen Berliner Philharmonikern eingespielt, den Zuschauer in die höheren Sphären von Grenouilles [= die Hauptfigur des Films] Geruchswelt.
Um die Komplexität der literarischen Vorlage in den Griff zu kriegen, wurde ein Erzähler hinzuerfunden. Mit sonorer [= volltönender] Stimme fasst Otto Sander ganze Handlungsstränge zusammen. Resultat des inszenatorischen Kniffs: Die Schauspieler haben wenig Dialogszenen, man spielt nach, worüber der Erzähler gerade spricht [...] Außerdem schleppt sich der Film zu spröde durch seine rund zweieinhalb Stunden Laufzeit. [...]

Es geht letztlich also um Nasen, nicht um jenes Organ, das Süskind zur Metapher des Obsessiven machte. Eigene Bilder für den wahnwitzigen Kosmos dieses Riechgenies findet Tykwer nicht. Bei aller stilistischen Raffinesse bleibt das Leinwanddrama Grenouilles plakativ-aufdringlich wie schlecht gemischtes Parfüm.

(Quelle: www.spiegel.de/kultur/kino/das-parfum-um-nasenlaenge-verfehlt-a-436380.html)

Literatur auf der Leinwand

Aufgaben

1. **In der folgenden Tabelle sind Filme aufgelistet, von denen einige nach einer literarischen Vorlage gedreht worden sind. Versuche, durch Recherche im Internet herauszufinden, um welche es sich dabei handelt und wie die literarische Vorlage im Original heißt.**

Filmtitel	literarische Vorlage: ja/nein	literarischer Originaltitel
Forrest Gump (USA 1994, R. Zermeckis)		
James Bond – Man lebt nur zweimal (GB 1967, L. Gilbert)		
Gegen die Wand (D 2004, F. Akin)		
Ein Tick anders (D 2011, A. Rogenhagen)		
Grüne Tomaten (USA 1991, J. Avnet)		
Am Ende eines viel zu kurzen Tages (D 2011, I. Fitzgibbon)		
Metropolis (D 1927, F. Lang)		
Das Parfum (D, F 2006, T. Tykwer)		
Der Vorleser (USA, D 2008, St. Daldry)		
Der dritte Mann (GB 1949, C. Reed)		
Die Vögel (USA 1963, A. Hitchcock)		
Der Fluch der Karibik (USA 2003, G. Verbinski)		

2. **Suche dir einen Film heraus, der nach einer literarischen Vorlage gedreht wurde und den du gern einmal im Kino sehen möchtest. Begründe deine Wahl. Stellt euch die Filme gegenseitig in der Klasse vor.**

Literatur auf der Leinwand

Aufgaben

1. **Um herauszufinden, was man alles beachten muss, wenn man versucht, auf der Grundlage einer literarischen Vorlage einen Film zu entwickeln, probiert man es am besten selber einmal aus: Entwirf aus dem vorliegenden Romanauszug eine Drehbuchszene. Bevor du mit dem Schreiben beginnst, fülle zunächst folgende Tabelle aus (wenn der Platz nicht ausreicht, schreibe auf der Rückseite weiter).**

Auszug aus dem Roman: ....

Wie viele Orte sind Schauplätze?	
Wie viele Personen spielen eine Rolle?	
Welche Zeiten kommen vor? (Tages- und Jahreszeiten)	
Um welches Genre handelt es sich?	
An welche Zielgruppe richtet sich die Geschichte?	
Um welchen Konflikt, um welches Thema geht es?	
Welche Handlungssituationen werden beschrieben?	
Gibt es einen Helden und einen Gegenspieler?	
Welche Charakterzüge haben die Hauptpersonen (mutig, freundlich, geizig, hinterhältig ...)?	
Weitere Auffälligkeiten, Besonderheiten ...	

2. **Tausche dich mit deinem Nachbarn aus und vervollständige die Tabelle. Zu zweit entwerft ihr jetzt ein Konzept für die Drehbuchszene, indem ihr Orte, Personen, Handlungen und Thema bzw. den Konflikt festlegt. Dabei ist es wichtig, dass ihr euch Bilder für die einzelnen Szenen vorstellen könnt.**

Film im Medienverbund

Länge der Unterrichtseinheit

- 8 Unterrichtsstunden

Ziele der Unterrichtsstunden

- Die Lernenden benennen die verschiedenen Elemente eines Medienverbundes.
- Die Lernenden kennen die Merkmale bei der Übertragung einer Geschichte vom Ausgangsmedium in ein anderes Medium und erörtern die unterschiedlichen Qualitäten.
- Die Lernenden diskutieren die Bedeutung eines Medienverbundes für die Verbreitung einer Geschichte.

Methoden und Verfahren

- Einzel-, Partner- und Gruppenarbeit
- Arbeit mit einem Filmausschnitt
- Arbeit mit Filmstills
- Eigenproduktion

Material

Stunden 1+2: Informations- und Arbeitsblattblatt 1
Stunden 3–5: Filmanfang „Die Vorstadtkokodile", Beamer/Fernseher, PC, Arbeitsblatt 2, Kleber, Stifte, Scheren usw.
Stunden 6–8: Videokameras, Audioaufnahmegeräte Mikrofone (oder Handys der Lernenden), Beamer/Fernseher, PC

Ablauf der Unterrichtsstunden

Stunden 1+2
Die Lernenden lesen das Informationsblatt mithilfe z. B. der 5-Schritte-Lesemethode, wobei sie den 5. Schritt (Rückblick, Zusammenfassung) gemeinsam mit ihrem Nachbarn machen. Zur Festigung der Inhalte bearbeiten die Lernenden dann in einer Kleingruppe Arbeitsblatt 1. Die Filmauswahl muss vorher festgelegt werden. Die Ergebnisse werden am Ende der Stunde vorgetragen.

Stunden 3–5
Der Lehrende spielt den Lernenden den Beginn (0:00:00–0:09:42) des Films „Vorstadtkrokodile" (D 2009, C. Ditter) vor. Im Anschluss daran erhalten die Lernenden die Aufgabe, den Beginn des Films in einen Comic oder ein Hörspieldrehbuch zu übertragen bzw. ein mögliches „Mode-Label" zu entwickeln (Arbeitsblatt 2). Dazu wird die Klasse in Kleingruppen aufgeteilt. Je zwei oder drei Gruppen bearbeiten eine Aufgabe.

Stunden 6–8
In diesen Stunden führen die Lernenden ein Zeitzeugeninterview zu einer vorher gemeinsam festgelegten Zeit und einem feststehenden Thema (z. B. Kindheit in den 1950er-Jahren). Je zwei Gruppen befragen denselben Zeitzeugen, wobei eine Gruppe das Interview mit einer Videokamera filmt, die andere Gruppe das Interview mit einem Audioaufnahmegerät aufnimmt. Die Ergebnisse werden in der Klasse vorgespielt und anschließend diskutieren die Lernenden die unterschiedlichen Vorgehensweisen bei den beiden Medien und deren Konsequenzen für die Rezeption.

Differenzierung

In den Stunden 3–5 kann auf die Adaption in ein Hörspieldrehbuch in den unteren Jahrgangsstufen verzichtet werden.

Tipp

Die Zeitzeugeninterviews können auch außerhalb der Schulzeit geführt werden. Dazu können Handys als Aufnahmegerät benutzt werden.

Medienverbund

Unter Medienverbund kann man einen **Baukasten** aus verschiedenen Medien, wie **Film, Buch, Comic, Hörspiel, Computerspiel,** oder auch **Spielzeug** und **Mode** verstehen, die sich mit derselben Geschichte beschäftigen.
Oft ist ein Medium, z. B. das Buch, der **Ausgangspunkt** für die Umsetzung der Geschichte in andere Medien, die dann meistens später veröffentlicht werden. Ein gutes Beispiel dafür ist das Buch von Erich Kästner „Emil und die Detektive". Erschienen ist das Buch 1929, den ersten Film gab es 1931. Die Geschichte ist aber nicht nur verfilmt worden. Erich Kästner selber hat daraus schon 1930 ein Theaterstück gemacht, ein Jahr später erschien auch ein Gesellschaftsspiel „Emil und die Detektive". Inzwischen gibt es nicht nur weitere zahlreiche Verfilmungen, die letzte ist von 2001, sondern auch ein Musical und natürlich auch ein Hörspiel.

Emil und die Detektive

Aber nicht nur literarische Vorlagen, wie Romane oder Kurzgeschichten, sind Ausgangspunkt für das Entstehen von Medienverbünden. So entstand aus dem Computerspiel „Tomb Raider" der Film „Lara Croft: Tomb Raider" und aus der dänischen Krimiserie „Das Verbrechen" der Roman „Das Verbrechen", das auch als Hörbuch auf den Markt kam. Und auch die Filme der „Fluch der Karibik"-Reihe mit der Figur Captain Jack Sparrow (gespielt von Johnny Depp) dienten als Vorlage für Bücher, Computer- und Hörspiele, die Kulissen und Kostüme mussten als Motive für einen Disney-Freizeitpark und Modedesigner herhalten.

Fluch der Karibik, Captain Sparrow

Auffallend bei einem Medienverbund ist, dass **alle Sinne und Lebens- und Freizeitbereiche** angesprochen und somit viele Menschen erreicht werden. So ist für jeden etwas dabei: die Leseratte, den Fernsehgucker, den Spielefreak usw. Das Übertragen der Geschichte in ein anderes Medium hat zur Folge, dass die Geschichte immer etwas anders erzählt wird. Schließlich müssen die **jeweiligen Besonderheiten** des Mediums berücksichtigt werden: Das Buch erzählt Geschichten mit Texten, der Film mit Bildern, das Hörspiel mit Geräuschen und Dialogen und das Computerspiel kann alles verwenden.

Einen besonderen Medienverbund können Spielfilme und dokumentarische Fernsehfilme eingehen, wenn sie sich mit derselben Geschichte befassen, der eine **wahre Begebenheit** zugrunde liegt. Beide sind Medien, die ihre Geschichte mit Bildern erzählen. Der Spielfilm, der auf einer wahren Begebenheit beruht, zeigt aber um die Begebenheit herum eine **ausgedachte Handlung** (Personen, Orte usw.). Der dokumentarische Fernsehfilm versucht, die Begebenheit so darzustellen, wie sie **tatsächlich stattgefunden** hat. Das Problem bei einem solchen Spielfilm ist, dass man als Zuschauer oft nicht auseinanderhalten kann, was tatsächlich geschehen ist und was sich der Regisseur ausgedacht hat, um eine spannende Geschichte zu erzählen.

Medienverbund

Aufgabe

Stelle gemeinsam mit den anderen Schülern in der Gruppe den Medienverbund zu einem der folgenden Filme zusammen: „Harry Potter", „Krieg der Sterne", „Pippi Langstrumpf", „Twilight" oder „Herr der Ringe". Wenn die Spalte „Beschreibung" nicht ausreicht, nehmt ein Extrablatt hinzu. Stellt zum Ende der Stunde eure Ergebnisse der Klasse vor.

Film: ....

Medium im Verbund	ja/nein	Beschreibung
Film		
Buch		
Comic		
Computerspiel		
Hörspiel		
Theater		
Fernsehen		
Spielzeug		
Mode		
Sonstiges		

Medienverbund 1/3

Aufgabe

Du hast gerade den Anfang des Films „Vorstadtkrokodile" (D 2009, C. Ditter) gesehen. Übertrage in deiner Kleingruppe diese filmische Vorlage in ein anderes Medium, nämlich in einen *Comic* bzw. eine *Bildergeschichte*:
Schneide die Filmstills aus. Sie dienen als Vorlage für den Comic. Es müssen nicht alle Bilder benutzt werden und ihr könnt auch noch etwas hinzuzeichnen, wenn ihr es für nötig haltet. Klebt die Bilder auf ein DIN-A3-Blatt (Hochformat) in der Weise auf, wie es bei einem Comic üblich ist. Ihr könnt Sprechblasen für die Dialoge oder Geräusche hinzufügen, aber auch Textelemente für Beschreibungen.

Aufgabe

Du hast gerade den Anfang des Films „Vorstadtkrokodile" (D 2009, C. Ditter) gesehen. Übertrage in deiner Kleingruppe diese filmische Vorlage in ein anderes Medium, nämlich in ein *Hörspieldrehbuch*:
Die Filmstills dienen euch als Anhaltspunkt, damit ihr eine Hörgeschichte entwickeln könnt. Schreibt zunächst die Geschichte der Mutprobe als Fließtext auf. Dann überlegt, welche Personen miteinander reden sollen (Dialoge), welche Geräusche ihr braucht und ob ihr einen Erzähler benötigt, wenn keine Dialoge möglich sind, wie z. B. auf dem Dach.

Aufgabe

Du hast gerade den Anfang des Films „Vorstadtkrokodile" (D 2009, C. Ditter) gesehen. Übertrage in deiner Kleingruppe diese filmische Vorlage in ein anderes Medium, nämlich in ein *Mode-Label*.
Betrachtet die Filmstills ganz genau, ob es Hinweise gibt, welche Gegenstände du für Aufdrucke für T-Shirts, Mützen, Muster usw. nutzen könntest. Setzt eurer Fantasie keine Grenzen und lasst euren Gedanken und Ideen gemeinsam in der Gruppe freien Lauf – gleichgültig, wie „verrückt" sie zunächst erscheinen mögen. Erst wenn ihr alles gesammelt habt, trefft ihr eine Auswahl und beginnt, eure Ideen in Bilder umzusetzen. Erstellt für die verschiedenen Produktideen Plakate, die ihr dann in der Klasse aufhängt und vorstellt.

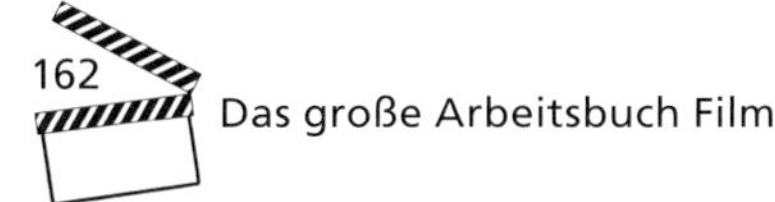

Medienverbund 2/3

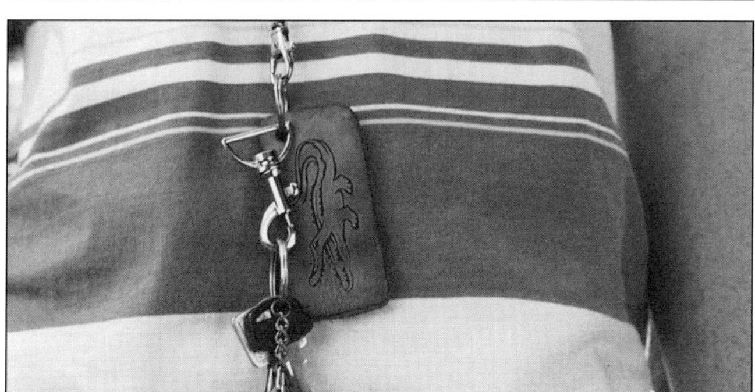

Medienverbund 3/3

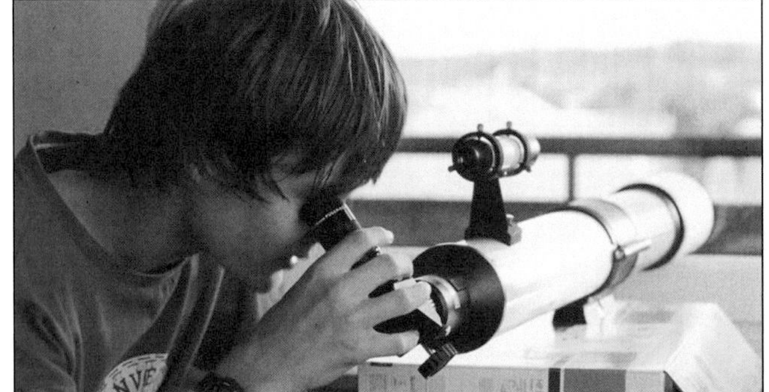

Filmrezeption

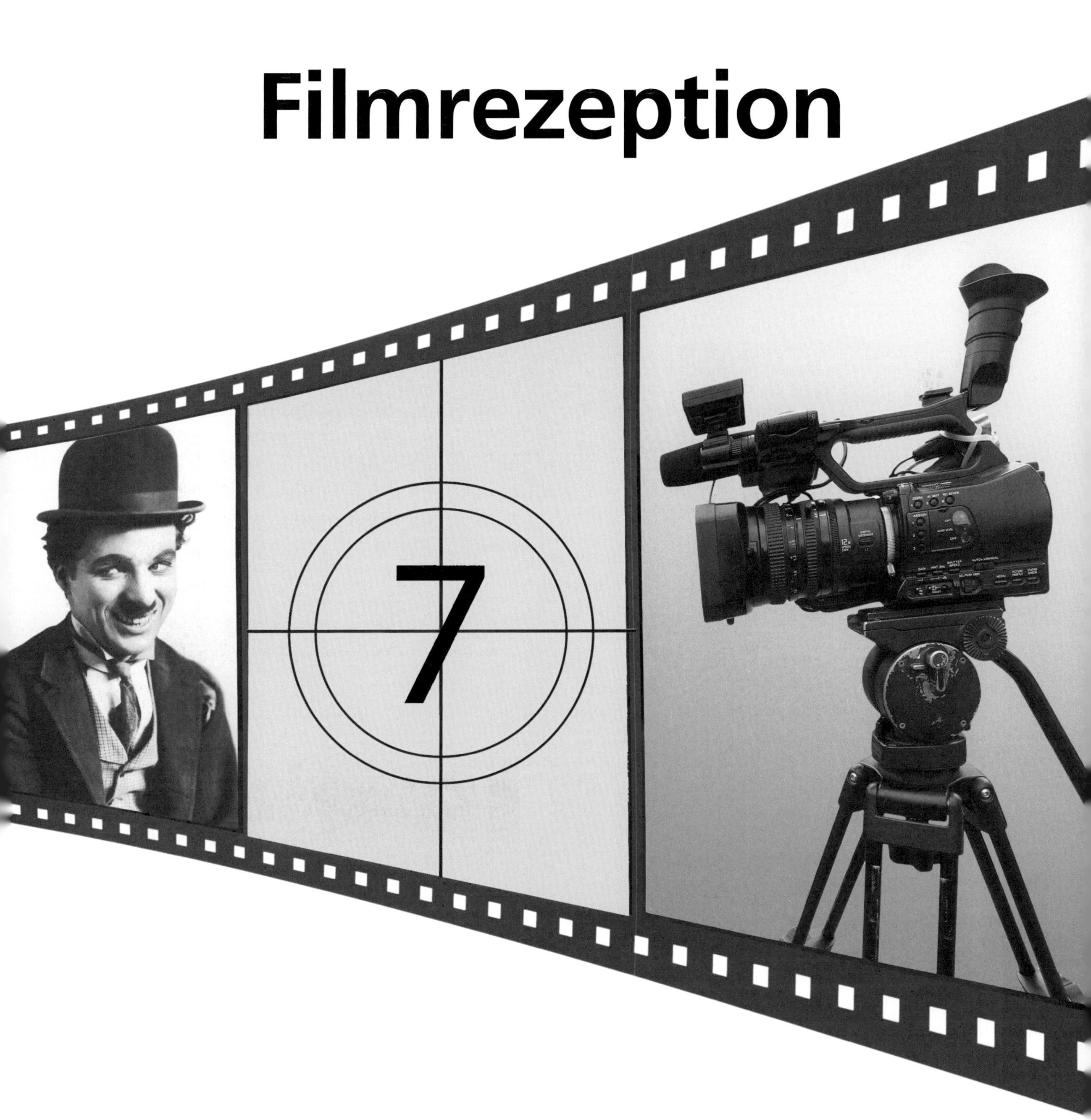

Urteils- und Meinungsbildung 1/2

Länge der Unterrichtseinheit

- 6 Unterrichtsstunden

Ziele der Unterrichtsstunden

- Die Lernenden benennen Merkmale, wie in Filmen fremde Welten dargestellt werden.
- Die Lernenden erörtern den Einfluss eines Films auf Kultur und Gesellschaft.
- Die Lernenden diskutieren die Bedeutung des Films auf die eigene Urteils- und Meinungsbildung.

Methoden und Verfahren

- Einzel-, Partner- und Gruppenarbeit
- Arbeit mit einem Filmausschnitt
- Arbeit mit Filmstills
- Eigenproduktion

Material

- *Stunde 1:* Informationsblatt
- *Stunden 2+3:* Kurzfilm „Gefährder" von Hans Weingartner auf: „Deutschland 09. 13 Kurzfilme zur Lage der Nation" (DVD), Arbeitsblatt 1, Computerraum (Internetzugang)
- *Stunde 4:* Arbeitsblatt 2
- *Stunden 5+6:* Ausschnitt aus „Armageddon" (USA 1998, Michael Bay): 00:59:13–1:01:13, ggf. Sequenzprotokollvorlage, Arbeitsblatt 3, Computer mit Filmausschnitten und Schnittprogramm, Beamer/Fernseher, Videokamera

Ablauf der Unterrichtsstunden

Stunde 1
Die Lernenden lesen das Informationsblatt und tauschen sich mit ihrem Nachbarn aus. Anschließend kann ein Klassengespräch darüber stattfinden, welche Filme die Lernenden kennen, die ihrer Meinung nach Urteils-, Meinungs- und Wertebildung beinhalten.

Stunden 2+3
Der Lehrende zeigt in dieser Stunde den Kurzfilm „Gefährder" von Hans Weingartner. Dieser Film beruht auf einer wahren Begebenheit und zeigt, wie leicht ein politisch aktiver Mensch wie ein Terrorist überwacht, ausspioniert und eingesperrt werden kann. Die Lernenden setzen sich in Einzelarbeit mithilfe des Arbeitsblattes 1 mit der Wirkungsweise des Films auseinander. In der folgenden Stunde recherchieren die Lernenden zu zweit zum Begriff „Gefährder" mit dem Ziel, die im Film aufgestellten Behauptungen zu überprüfen.

Stunde 4
In dieser Stunde setzen sich die Lernenden damit auseinander, wie mit filmischen Mitteln Menschen und Orte charakterisiert und ihnen somit bestimmte Eigenschaften, Haltungen oder Merkmale zugeschrieben werden (Arbeitsblatt 2). Jeweils ein Schüler bearbeitet einen Film. Gemeinsam ziehen sie Schlüsse aus den Beobachtungen.

Stunden 5+6
Der Lehrende zeigt der Klasse die Präsidentenrede aus „Armageddon" (USA 1998, Michael Bay). In der folgenden Sequenzanalyse sollen die Lernenden besonders auf den Ton (Musik und Worte) achten. Sogenannte „white words" (positiv gebrauchte Worte) und „black words" (negativ gebrauchte Worte) notieren sie auf dem Arbeitsblatt 3. Im Anschluss schreiben die Lernenden eine neue Rede für den Präsidenten. Diese nehmen sie mit einer Videokamera auf und unterlegen den Filmausschnitt damit. Ebenso spielen sie eine neue Musik ein. Sie spielen in der Klasse die neu geschnittenen Sequenzen vor und diskutieren ihre Wirkung.

Differenzierung

- Die Rechercheaufgabe in Stunde 3 kann auch als Hausaufgabe aufgegeben werden.
- Die Stunden 5+6 reichen möglicherweise nicht für die Schnittaufgabe aus, sodass eine weitere Stunde eingeplant werden müsste. Zudem ist die Schnittaufgabe nur zu realisieren, wenn die Lernenden in die Arbeit mit einem Schnittprogramm eingewiesen sind und diese auch zur Verfügung stehen. Alternativ können Rede und Musik auch zum Film „live" gesprochen werden.

Urteils- und Meinungsbildung 2/2

Alles, was im Film gezeigt wird und wie es gezeigt wird, hat eine Bedeutung und **wirkt** auf den Zuschauer.
„Wirken" meint hier einmal, dass der Zuschauer **gefühlsmäßig** angesprochen wird: Freude oder Trauer empfindet, eine Filmfigur als sympathisch oder unsympathisch einschätzt, eine Umgebung unheimlich oder anregend wahrnimmt usw.
Zum anderen werden aber auch **Inhalte vermittelt** (gut und böse, richtig oder falsch), die auf den Zuschauer wirken: Wenn z. B. jemand ein Verbrechen begeht und dabei sympathisch dargestellt wird, findet der Zuschauer die Straftat meistens nicht so schlimm.

Oder wenn in einem Film Krieg als notwendig zur Klärung von Problemen mit einem oder mehreren hervorragenden Helden inszeniert wird, dann kann es sein, dass viele Zuschauer Krieg zumindest in dem Film als gerecht empfinden. Und wenn dann auch noch die Filmbilder ästhetisch, also schön und eindrucksvoll sind, dann kann es passieren, dass die Zuschauer unbewusst die Meinung der Hauptfiguren übernehmen.

Insofern tragen Filme zur **Urteils- und Meinungsbildung** bei, z. B. in Hinblick

- auf politische Fragen,
- auf die Sicht auf Minderheiten,
- auf die Vorstellung, wie es an einem bestimmten Ort dieser Welt aussieht,
- darüber, wie Ereignisse stattfinden bzw. stattgefunden haben (Film als Quelle).

Dabei spielen die Bereiche der Filmgestaltung eine große Rolle, die **Bildgestaltung** sowie die **Licht- und Farbgestaltung** des Films. Ganz wesentlich ist ebenfalls die **Tongestaltung**.
Für die Bildgestaltung sind der Bildausschnitt und die Einstellungsgröße sehr bedeutsam, weil der Zuschauer nur das sieht, was auf der Leinwand zu sehen ist. Dabei spielt die räumliche Anordnung von Personen und Gegenständen innerhalb des Bildes eine Rolle. Die Kameraperspektive gibt außerdem vor; wie man die Handlung und Personen zu sehen hat. Mit einer wackelnden Kamera kann man den dokumentarischen Charakter einer Filmsequenz unterstützen.
Mit Licht und Farbe wird die **Aufmerksamkeit** des Zuschauers gelenkt, die Licht- und Farbgestaltung unterstützt die Geschichte und charakterisiert wesentlich Personen und Orte. Ein dunkel gehaltener Raum mit langen, schwarzen Schatten ruft beim Zuschauer eine bedrohliche Stimmung hervor. Dabei werden sowohl die Kostüme als auch das Szenenbild mit eingebunden. Die **Grundstimmung** einer Szene wird verstärkt und Gefühle, wie Angst oder Freude, können erzeugt werden. Bei der **Farbgestaltung** nutzt der Film die Vorstellungen, die wir mit einer Farbe in Verbindung bringen (blau = kalt, rot = gefährlich).
Die Tongestaltung unterstützt zum einen in erheblichem Maße die Stimmung, in die der Zuschauer versetzt wird. Dabei spielt der Einsatz und die **Wahl von Musik** eine große Rolle. Zum anderen kann man den Zuschauer durch den Text (Dialoge, Reden usw.) mit bestimmten Meinungen konfrontieren.

Urteils- und Meinungsbildung

Aufgaben

1. **Du hast gerade den Film „Die Gefährder" (D 2009, Hans Weingartner) gesehen. An welchen Orten treten der Verfassungsschutzbeamte und der Politiker auf? Und an welchen Orten wird der Soziologieprofessor gezeigt? Beschreibe die Orte, die Kleidung usw. unter besonderer Berücksichtigung der Farbgestaltung und des Lichts.**

2. **Welche Personen sind dir sympathischer und warum?**
3. **Recherchiere in Partnerarbeit im Internet zum Begriff „Gefährder". Benutze mindestens zwei voneinander unabhängige Quellen. Kannst du aufgrund deiner Recherche die Aussage des Films bestätigen, dass in der Antiterrordatenbank über 100 Millionen Datensätze gespeichert sind und man davon ausgehen kann, dass auch die Daten z. B. deiner Eltern oder ihrer Freunde darin gespeichert sind? Notiere deine Rechercheergebnisse und trage sie in der Klasse vor.**

Urteils- und Meinungsbildung

1. **Betrachte die drei Filmstills und beschreibe die Anordnung der Personen.**
2. **Diskutiere mit deinem Partner, welche Schlüsse sich aus der Anordnung der Personen in Bezug auf die Rolle der jeweiligen Frauen ziehen lassen.**

Es geschah am hellichten Tag

Tod im kalten Morgengrauen

Auf der anderen Seite

3. **Betrachte die drei Filmstills und beschreibe die Merkmale der Orte.**
4. **Diskutiere mit deinem Partner, welche Schlüsse sich aus den beobachteten Merkmalen in Bezug auf die Darstellung fremder Welten ziehen lassen.**

Nirgendwo in Afrika

Bis ans Ende der Welt

The Pledge

Urteils- und Meinungsbildung

Aufgaben

1. **Du hast einen Filmausschnitt aus dem Spielfilm „Armageddon" (USA 1998, Michael Bay) gesehen, und zwar die Rede des Präsidenten. Notiere nun in Stichworten, was du behalten hast.**

2. **Fertigt in einer Kleingruppe eine Sequenzanalyse an. Achtet insbesondere auch auf den Ton (Musik) und die Wortwahl des Präsidenten. Notiert die positiven Worte und die negativen Worte in der Tabelle.**

positive Worte	negative Worte

3. **Schreibt für den Präsidenten eine neue Rede, die einen anderen Inhalt hat. Nehmt diese Rede mit einer Videokamera auf (ohne Bild) und legt sie und neue Musik anschließend mit einem Schnittprogramm unter den Ausschnitt der Präsidentenrede.**

4. **Präsentiert eure neue Rede der Klasse und diskutiert gemeinsam die Wirkung.**

Filmproduktion

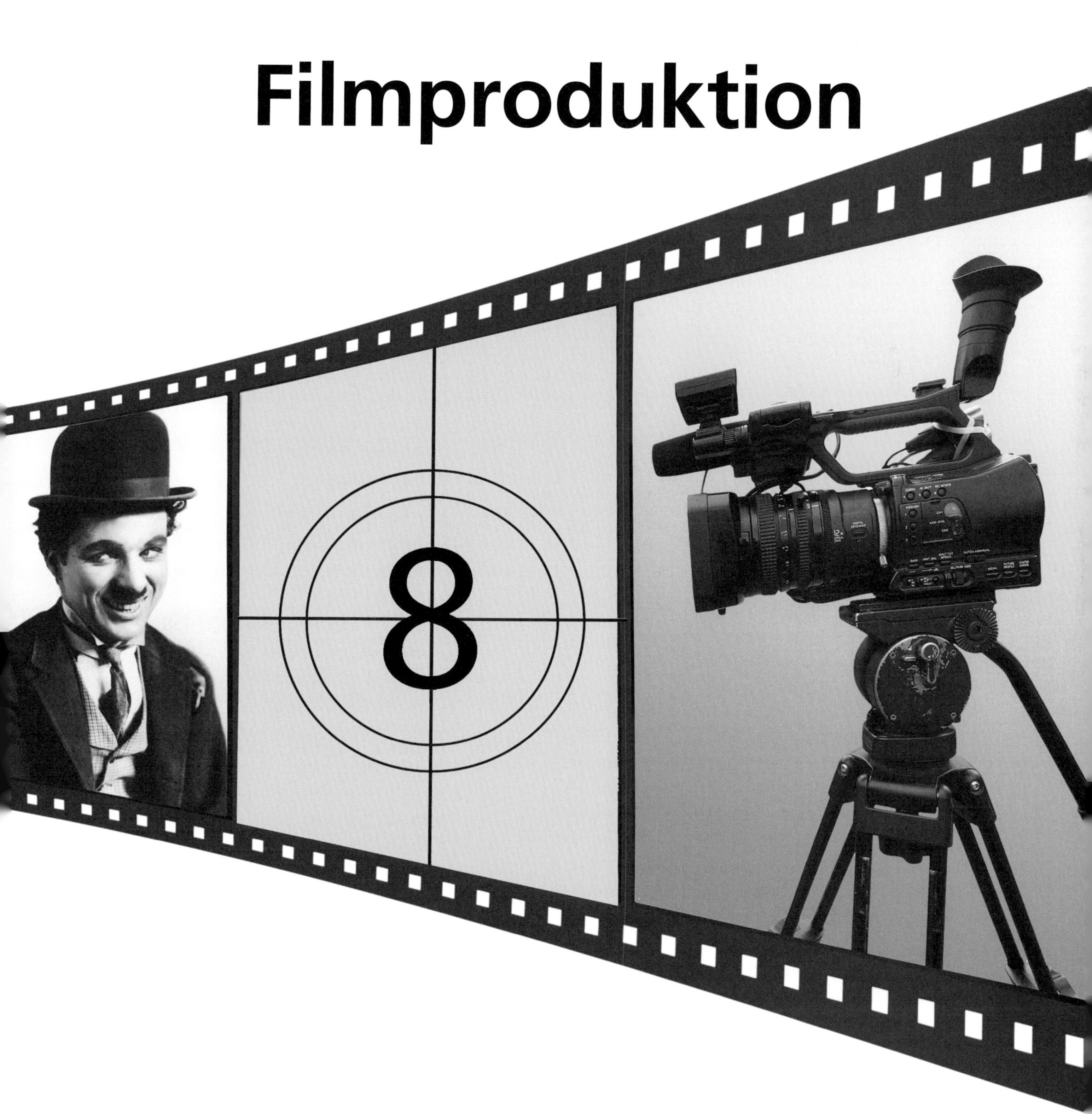

Filmdreh 1/2

Länge der Unterrichtseinheit

- mehrere Tage

Ziele der Unterrichtsstunden

- Die Lernenden setzen die digitale Produktions- und Schnitttechnik angemessen ein.
- Die Lernenden wenden Montagetechniken an.
- Die Lernenden erkennen, erfassen und lösen organisatorische Aspekte einer Filmproduktion.
- Die Lernenden entwickeln Filmideen und übersetzen diese in eine filmische Erzählform.
- Die Lernenden wenden die formalen und ästhetischen Gestaltungsmöglichkeiten funktional an.
- Die Lernenden wenden dramaturgische Mittel beim filmischen Erzählen an.

Methoden und Verfahren

- Einzel-, Partner- und Gruppenarbeit
- Arbeit mit Filmstills
- Arbeit mit Planungshilfen
- Motivsucher
- 5-Shot-Verfahren
- Eigenproduktion

Ablauf der Unterrichtsstunden

Für die Filmproduktionen müssen grundsätzlich mehrere Unterrichtsstunden angesetzt werden, da hier von der Drehvorbereitung über die Produktion und Postproduktion bis hin zur Präsentation viele verschiedene Arbeitsprozesse durchlaufen werden. Oftmals steht eine solche Filmproduktion auch am Ende einer intensiven Auseinandersetzung mit dem Gegenstand Film und kann dann als abschließendes Projekt, auch mehrtägig, geplant werden.
Im Folgenden sind einige Filmideen aufgelistet, die mithilfe der Arbeitsblätter umgesetzt werden können. Darauf finden die Lernenden Vorlagen für Drehpläne, Shotlists usw., die sie jeweils für ihren Film entsprechend anlegen und verlängern können. Für die Filmaufnahmen wird besonders auf das 5-Shot-Verfahren hingewiesen: Fast alle hier aufgeführten Ideen lassen sich mithilfe dieses Verfahrens umsetzen. Die Lernenden können anhand der Arbeitsblätter Szene für Szene zunächst zeichnerisch auflösen. Dabei ist der Motivsucher (s. S. 185) von Vorteil: Die Lernenden halten ihn vor ein Auge und je nachdem, wie groß der Abstand zum Auge ist, verändert sich die Einstellungsgröße (ganz dicht am Auge = Totale, weit weg = Detail). So lassen sich die fünf gesuchten Einstellungen (was, wer, wo, wie, Überraschungseinstellung) finden und dann zeichnen. Nun steht einer filmischen Umsetzung (kaum) noch etwas im Wege.

Filmideen

Idee 1: Minutengeschichten

- Eine Person sitzt in einem Café und bestellt sich ein Getränk.
- Eine Person ruft einen Freund an, der durch den Anruf geweckt wird.
- Zwei Personen gehen gemeinsam auf der Straße, verabschieden sich und gehen in unterschiedliche Richtungen davon.

Idee 2: Kurzgeschichte 1

Bert arbeitet als Praktikant bei einer Produktionsfirma. Es ist der erste Drehtag für einen Werbeclip und er hat verschlafen. Er beeilt sich, zum Set zu kommen. Der Produktionsleiter sieht ihn schon von Weitem kommen. Ein kurzes Gespräch zwischen Bert und dem Produktionsleiter hat zur Folge, dass Bert wieder nach Hause geschickt wird.

Idee 3: Kurzgeschichte 2

Eine Person sitzt an einem (Schreib)Tisch und schreibt handschriftlich einen Brief. Die Person unterbricht ihr Schreiben und legt den Stift weg. Sie denkt nach und schaut aus dem Fenster. Plötzlich steht eine zweite Person in der Tür.
Da der Brief geheim ist, deckt die erste Person den Brief mit den Händen ab.

Filmdreh 2/2

Idee 4: Künstlerische Formate

- Ausgehend von einem Gedicht, soll versucht werden, die Gedanken und Gefühle des Gedichts zu visualisieren bzw. eine Geschichte zu erzählen.
- Produktion eines Videoclips zu einem „Lieblingslied"
- Produktion eines Trailers zu einem Spielfilm nach Wahl der Lernenden
- Visuelle Darstellung eines Kunstwerks (Gemälde, Skulptur)
- Verfilmung eines Märchens

Idee 5: Dokumentarische Formate

- Porträt über den Hausmeister der Schule. Dabei geht es neben den Tätigkeiten am Arbeitsplatz auch um die Gedanken, Sorgen, Wünsche, die der Hausmeister sich macht.
- Porträt über die Großeltern oder ältere Nachbarn. Es wird über ihr jetziges Leben berichtet, aber auch darüber, wie es war, als die älteren Menschen jung waren. Es können Orte der Jugend aufgesucht oder auch Fotos gezeigt werden.
- Berichte über verschiedene Berufe (handwerklich, kreativ, kaufmännisch, naturwissenschaftlich), die in ihren verschiedenen Facetten dargestellt werden. Dabei sollten sowohl Auszubildende als auch Menschen, die den Beruf schon länger ausüben, gezeigt werden und zu Wort kommen.

Idee 6: Tutorials/Lehrfilme

- Produktion eines Tutorials über eine digitale Fotokamera. Wie wird die Fotokamera bedient und welche Funktionen hat sie?
- Lehrfilm über ein Chemieexperiment. Wie ist das Experiment aufgebaut und wie wird es durchgeführt?
- Lehrfilm über ein mathematisches Problem, festgemacht an einer Alltagssituation.
- Lehrfilm über ein naturwissenschaftliches Phänomen, festgemacht an Alltagssituationen, z. B. warum der Himmel manchmal abends rot wird.

Filmdreh 1/2

Drehvorbereitung

Bevor man anfängt, einen Film zu drehen, sind einige **Vorbereitungen** sinnvoll, um den Dreh zu planen und zu organisieren. Meistens sind bei einer Filmproduktion mehrere Personen beteiligt. Für einen reibungslosen Ablauf der Dreharbeiten sollten alle über alle wichtigen Dinge (vorab) informiert werden. Beispielsweise wann, wo und mit wem gedreht wird. Alle Beteiligten können sich dann nämlich entsprechend ihrer Tätigkeit (Regie, Kamera, Ton, Requisite, Darsteller, Produktionsleitung usw.) vorbereiten.
Zur Unterstützung der Planung gibt es verschiedene schriftliche Unterlagen, die dem Filmteam als **Kommunikationsgrundlage** dienen können. Wenn die Idee oder Geschichte für einen Film steht, müssen **Drehorte** für die **Dreharbeiten** gesucht werden. Und falls man nicht gerade zu Hause dreht, muss man in der Regel **Drehgenehmigungen** einholen, wenn man auf Privatgelände (Bahnhof, Einkaufszentrum, Fabrikgelände, Schule usw.) drehen möchte. Dreht man im öffentlichen Raum, beispielsweise auf der Straße oder in einem Park, ist keine Drehgenehmigung nötig. In der **Motivliste** werden alle Drehorte (= Motive) mit den dazugehörigen Szenen-Nummern (die einzelnen Szenen werden auch **Bild** genannt), mit Adresse und Ansprechpartner für die Drehgenehmigung bzw. als Ansprechperson vor Ort (z. B. Hausmeister) tabellarisch aufgelistet. Besonders aussagekräftig sind die Motivlisten, wenn sie ein Foto von dem Ort enthalten.

Motiv	Sz.-Nr.	Drehort & Kontakt
Einkaufszentrum	3, 7, 11	Einkaufszentrum „Shopping-Meile" Hauptstr. 2–5 11111 Berlin Herr Meier (Manager) Hauptstr. 2–5 11111 Berlin Tel.: 030 - xxxxxxxx Fax: 030 - xxxxxxxy E-Mail: meier@shoppingmeile.de

Beispiel Motivliste

Zur weiteren Vorbereitung der Dreharbeiten werden alle Szenen des Drehbuchs in **einzelne Einstellungen** aufgelöst. Oft arbeiten hier die Regie und die Kameraleute zusammen. Alle Einstellungen werden in einer Auflösungsliste chronologisch entsprechend ihrer Abfolge im Drehbuch aufgelistet und durch Hinweise zur **bildlichen Umsetzung** (Einstellungsgröße, Kameraperspektive, Kamerabewegung, Bildkomposition) ergänzt. Hilfreich ist es auch, die Einstellungen in Form eines **Storyboards** zu visualisieren.
Es gibt verschiedene Möglichkeiten, eine Auflösungsliste zu erstellen, je nachdem, worauf man den Schwerpunkt der Übersicht legen will.

Filmdreh 2/2

Hier sieht man zwei beispielhafte Versionen:
Version 1

Est.-Nr.	Storyboard	Einstellungsgröße, Kameraperspektive, Kamerabewegung u. a.	Inhalt/Bildbeschreibung/Location
1/1	Skizze der Einstellung	Panorama → Halbtotale Vogelperspektive, horizontaler Schwenk von Stadt mit leichtem Zoom auf das Schulgebäude	Schulgebäude von außen, Schüler strömen durch den Eingang Schule ABC
1/2	Skizze der Einstellung	Amerikanische Normalperspektive, Kamera geht parallel mit den beiden mit	Dennis und Paul gehen auf die Schule zu und unterhalten sich aufgeregt

Version 2

Est.-Nr.	Drehort (Location)	Est.	Inhalt, Einstellungsgröße, Kameraperspektive, Kamerabewegung	Umsetzung
1	Schulgebäude (außen)	1	*Schulgebäude von außen, Schüler strömen durch den Eingang* *Vogelperspektive, Schwenk* *Zoom (Verdichtung) von Panorama → in Halbtotale* Skizze Anfangsbild Schwenk / Skizze Endbild Schwenk + Zoom	vom Dach der Turnhalle filmen
1	Schulgebäude (außen)	2	*Dennis und Paul gehen auf die Schule zu und unterhalten sich aufgeregt* *Amerikanische* *Normalperspektive, Kamera geht parallel mit den beiden mit*	Handkamera

(Est. = Einstellungsnummer)

Filmdreh 1/2

Filmaufnahme

Zur Organisation der Dreharbeiten ist es wichtig, dass man einen **Überblick über alle Szenen und Einstellungen** hat, die gedreht werden sollen. Falls der Überblick fehlt oder verloren geht, kann es sein, dass später im Schnitt wichtige Einstellungen fehlen und nicht mehr oder nur unter schwierigen Bedingungen nachgedreht werden können. Zur Übersicht wird ein Drehplan erstellt, der alle Szenen nach den Drehorten sortiert. Die Szenen werden im Drehplan deshalb nicht in der chronologischen Szenenreihenfolge wie im Drehbuch aufgelistet, weil so die Arbeitsabläufe während des Drehs optimiert werden können. So macht es Sinn, alle Szenen, die an einem Ort, beispielsweise an einer Schule, gedreht werden sollen, auch an einem Tag hintereinanderweg zu drehen, weil man z.B. dann die Technik nur einmal dorthin transportieren und aufbauen muss.

Ein **Drehplan** kann folgendermaßen aussehen:

Szenen-Nr.	**Außen/Innen Tag/Nacht**	**Drehort (Motiv) + Handlung**	**Rollen**
3	Außen/Tag	Schulgebäude ABC, Schulhof Dennis und Paul unterhalten sich am Ende der Pause	Dennis, Paul
6	Innen/Tag	Schulgebäude ABC, Klassenraum 102 Paul wartet auf Anna nach dem Unterricht	Paul, Anna

In der **Shotlist** (= Liste von Einstellungen) werden dann für jede Szene alle Einstellungen **tabellarisch** in der **tatsächlichen Drehreihenfolge,** nach den Drehorten sortiert, aufgelistet. Dabei ist die Reihenfolge der Einstellungen nicht chronologisch wie im Drehbuch (Szene 1/1, Szene 1/2, Szene 1/3 usw.), sondern die Einstellungen werden nacheinander so aufgelistet, dass sie in der gleichen Kameraposition hintereinander gedreht werden können (Szene 1/1, Szene 1/5, Szene 1/8 usw.).

Eine **Shotlist** könnte folgendermaßen aussehen:

Szene: 1 **Motiv: Zimmer von Dennis**				
Nr.	**Einst.-Größe**	**Inhalt**	**Anmerkung**	**Darsteller**
1/1	Nah	Dennis liest einen Brief, sitzt am Schreibtisch	von vorn	Darsteller B.
1/5	Groß	Dennis liest den Brief und schaut hoch zur Tür	von vorn Dennis überrascht	Darsteller B.
1/2	Groß	Brief	man soll den Brief lesen können (Over-Shoulder)	

Filmdreh 2/2

Bevor es mit den konkreten Dreharbeiten losgeht, müssen noch die **Aufgaben im Team** verteilt werden. Dabei sollte darauf geachtet werden, dass jeder entsprechend seiner **Fähigkeiten** eingesetzt wird und nicht nur, worauf er oder sie Lust hat. Bei den Dreharbeiten für einzelne Filmprojekte oder Filmsequenzen sollten die Aufgaben nicht gewechselt werden, damit man sich auf eine Tätigkeit konzentrieren und diese verantwortlich übernehmen kann. Bei der nächsten Produktion kann dann die Aufgabenverteilung wieder wechseln. Grundsätzlich ist jedes Teammitglied wichtig für das Gelingen der Produktion. Manchmal macht es übrigens auch Sinn, wenn einige Aufgaben doppelt besetzt werden (falls mal einer ausfällt).

Ein weiterer wichtiger Aspekt ist der **Technikcheck**. Jeder Drehtag sollte mit einer Prüfung beginnen, bei der alle Gerätschaften (Kamera, Ton, Licht, Batterien usw.) auf das Vorhandensein und ihre Funktionsfähigkeit überprüft werden.

Bei den Dreharbeiten selbst sollte darauf geachtet und akzeptiert werden, dass die **Regie** das „Sagen", also das „letzte Wort" bei den Diskussionen hat. Der Regisseur entscheidet, wie etwas aufgenommen wird. Oder ob Szenen wiederholt oder möglicherweise auch verändert werden müssen, wobei Letzteres nur aus einem triftigen Grund geschehen sollte (wenn sich z. B. das Wetter ändert oder jemand von den Schauspielern krank geworden ist).

Platz für Kritik ist am Ende eines Drehtages oder es werden vorher Zeiten verabredet, wann über die Dreharbeiten diskutiert wird. Auch wenn Filmen immer **Teamarbeit** ist, so sind Diskussionen beim Dreh besonders dann anstrengend, wenn die Zeit knapp wird (es wird immer dunkler, alle wollen nach Hause, der Drehort steht nur noch kurze Zeit zur Verfügung usw.). Auch Diskussionen in Anwesenheit von Interviewpartnern sollte man vermeiden, weil diese ansonsten verunsichert werden könnten.

Es bietet sich an, dass die Dreharbeiten von einem **Making-Of-Filmteam** begleitet werden. Das Team könnte für die Präsentation des Endprodukts ein kurzes Making-Of erstellen.

Filmdreh

5-Shot-Verfahren

Eine einfache Möglichkeit, um fast alle Situationen und Handlungen filmisch aufzulösen, ist das sogenannte 5-Shot-Verfahren. Es hilft beim Drehen, verschiedene Einstellungen (Bilder) so mit der Kamera aufzunehmen, dass sich für den Zuschauer ein nachvollziehbarer Zusammenhang ergibt. Um eine **sinnvolle Ordnung** in die Vielzahl von Möglichkeiten zu bekommen, Einstellungen aufzunehmen, kann man sich an den journalistischen W-Fragen „wo, wer, was und wie" orientieren. Beim Drehen löst man eine Situation in **verschiedene einzelne Einstellungen** auf, die genau diese Fragen beantworten und sich damit daran orientieren, wie Menschen ihre Umwelt wahrnehmen:

Der erste Shot (Einstellung) zeigt dem Zuschauer, **was** eigentlich geschieht und das in einer **Groß- oder Detail-Aufnahme**, hier: Dias im Detail.

Der zweite Shot macht in einer **Groß-Einstellung** klar, **wer** da eigentlich etwas macht, z.B. der Fotograf.

Im dritten Shot wird darüber aufgeklärt, **wo** das Geschehen stattfindet. Dazu eignet sich eine **halbtotale** oder **halbnahe Einstellungsgröße** besonders gut. Das Bild gibt dem Zuschauer eine Orientierung. Er sieht, dass die Person sich in seinem Arbeitszimmer befindet.

Im vierten Shot wird ein Zusammenhang zwischen Person und Sache hergestellt. Es ist in einer **Naheinstellung** zu sehen, wie das alles zusammengehört.

Der fünfte Shot, der sogenannte **Überraschungs-Shot**, sollte ein besonders **eindrucksvolles** oder **schönes** Bild sein, dass den Abschluss der Einstellungsfolge bildet.

Diese fünf Einstellungen können im Schnitt unterschiedlich miteinander kombiniert werden. Besonders gut lassen sich die ersten drei Shots austauschen, je nach Schnittdramaturgie.
Das 5-Shot-Verfahren bietet eine gute **Grundlage und Struktur,** an der man sich beim Drehen orientieren kann.

Filmdreh 1/2

Bild- und Tonnachbearbeitung

Nach den Dreharbeiten (und manchmal auch schon parallel dazu) wird das **Bild- und Tonmaterial** bearbeitet und geschnitten. Um einen guten **Überblick** über das gedrehte Material zu bekommen, schaut man sich zunächst den gesamten Stoff an und protokolliert alle gedrehten **Takes** (= Einstellung) in einem Schnittprotokoll. Da manchmal mehrere Takes von einer Einstellung gedreht werden, vermerkt man im **Schnittprotokoll**, welcher Take sehr gut war und deshalb für den Schnitt ausgewählt werden könnte. Man notiert außerdem, welche Takes beispielsweise unscharf sind, abgebrochen wurden usw. Manchmal kommt auch nur ein Teil eines Takes in Frage, wenn beispielsweise nur der Anfang einer Einstellung gut ist, aber das Ende nicht.

Beispiel Schnittprotokoll

Szene/ Est.-Nr./ Take	Timecode	Einstel.- Größe	Bildinhalt	Anmerkung
3/1/1	01:07:14:00	AM	Schulgebäude ABC, Schulhof Dennis und Paul unterhalten sich am Ende der Pause	Schwenk verwackelt
3/1/2	01:07:14:20	AM	Schulgebäude ABC, Schulhof Dennis und Paul unterhalten sich am Ende der Pause	gut
3/5/1	01:07:20:06	HN	Schulgebäude ABC, Klassenraum 102 Paul wartet auf Anna nach dem Unterricht	unscharf

Anschließend wird ein **Schnittplan** erstellt, der sich am Drehbuch und der Auflösungsliste orientiert. Im Schnittplan hält man die Einstellungen in **chronologischer Reihenfolge** fest. Außerdem notiert man die **Tonebenen**, d. h., an welchen Stellen setzt welche Musik ein und wie lange wird sie unterlegt? Wann gibt es einen O-Ton, wann nur Atmo? Anhand des Schnittplans kann man die Tonmischung vorbereiten.

Beispiel Schnittplan

Szene/ Est.-Nr./ Take	Timecode	Bildinhalt	Ton (Dialog, Kommentar, Musik u. a.)
3/1/2	01:07:14:20	Dennis + Paul, 2er	O-Ton
3/2/4	01:07:15:20	Dennis	O-Ton
3/3/1	01:07:20:06	Paul	O-Ton

Filmdreh 2/2

Der Schnitt findet mithilfe einer **Schnittsoftware** auf einem Computer statt. Das ausgewählte Bild- und Tonmaterial wird von den Speicherkarten auf eine (externe) Festplatte **überspielt und importiert**. Dann richtet man sich mit der Schnittsoftware ein **Projekt** ein und organisiert das sogenannte **Quellmaterial** oder auch Rohmaterial in Ablagen und Ordnern. Dabei ist es wichtig, die Clips mit **„sprechenden Dateinamen"** zu benennen, um sie wiederfinden zu können (also nicht „Totale1", sondern „Wald_Totale").

Im **Rohschnitt** werden die einzelnen Einstellungen des Quellmaterials gekürzt und in der **Timeline** zu einem Film zusammengesetzt. Beim Schneiden arbeitet man immer mit zwei Ebenen: das Quellmaterial auf der einen Seite und den fertigen Film auf der Timeline. In der Timeline gibt es verschiedene Spuren für Bild (Video) und Ton (Audio). Das können auch mehrere Video- oder Audiospuren sein. Eine Audiospur kann beispielsweise nur für die Musik genutzt werden, eine andere für Toneffekte oder einen Off-Kommentar. Die verschiedenen Videospuren können für Titel, Blenden und andere Effekte genutzt werden. Oder man kann in der Timeline mehrere Kamerabilder auf verschiedenen Videospuren parallel zu einer Tonspur anlegen, wenn man beispielsweise eine Konzertaufnahme mit mehreren Kameras aufgezeichnet hat. Bild und Ton können aber auch getrennt voneinander geschnitten werden.
Die Reihenfolge und die Dauer der Einstellungen sind abhängig von der **Schnittdramaturgie**. Für einen guten Schnitt überlegt man sich genau, welche Einstellungen aneinandergeschnitten werden und in welchem Moment man von einem Bild auf das andere schneidet: Sollen die Bilder eher eine ruhige Stimmung vermitteln und lange zu sehen sein? Oder sollen schnelle, kurze Schnitte Unruhe beim Betrachter auslösen? Wie lange braucht der Zuschauer, um die Informationen des Bildes wahrzunehmen? Daher reicht es nicht aus, die einzelnen Einstellungen einfach per „drag and drop" in die Timeline zu ziehen.

Im **Feinschnitt** korrigiert man dann noch einzelne Übergänge zwischen den Einstellungen, wenn sich z. B. die Kopfdrehung einer Person in der ersten Einstellung, einer Halbtotalen, und in der nächsten Einstellung, einem **Ransprung** (Veränderung der Einstellungsgröße bei Beibehaltung des Kamerastandpunktes) in der Nah-Einstellung wiederholt. Oder es werden **Atmosprünge** zwischen Szenenwechseln (z. B. spielt eine Szene am Bahnhof, die nächste in einer Wohnung) mithilfe von **Tonblenden** kaschiert.

Am Ende wird der Film mit **Vor- und Abspann** versehen und in ein Dateiformat exportiert, das von möglichst vielen Computern abgespielt werden kann.

Filmdreh

Vorlage: Motivliste

Filmtitel: ....

Kontakt (+ Tel.-Nr.): ....

Stand (Datum): ....

Motiv	Sz.-Nr.	Drehort & Kontakt

Sz.-Nr. = Szenen-Nummer

Filmdreh

Vorlage: Szenenauflösung 1

Film: ....

Sz.-Nr.	Storyboard	Einstellungsgröße, Kameraperspektive, Kamerabewegung u. a.	Location/Inhalt/ Bildbeschreibung

Filmproduktion Arbeitsblatt 2

Filmdreh

Vorlage: Szenenauflösung 2

Film: ....

Sz.-Nr.	Location (Drehort)	Inhalt/Einstellungsgröße/ Kameraperspektive/ Kamerabewegung	Umsetzung

SZ = Szenennummer; Est. = Einstellungsnummer

182 Das große Arbeitsbuch Film

© Verlag an der Ruhr | Autorin: Ines Müller-Hansen | ISBN 978-3-8346-2513-7 | www.verlagruhr.de

Filmdreh

Vorlage: Drehplan

Filmtitel: ....

Sz	Außen/Innen Tag/Nacht	Drehort (Motiv)/ Handlung	Rollen

Sz = Szenennummer

Drehtag: .... **Seite:** ....

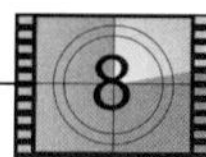

8 Filmproduktion Arbeitsblatt 3

Filmdreh

Vorlage: Shotlist

Szene: **Motiv:**				
Nr.	**Einst.-Größe**	**Inhalt**	**Anmerkung**	**Darsteller**

Seite: ....

Filmdreh

Aufgabe

Welche Bilder könnten die Aussageabsicht deutlich machen? Skizziere die Bilder in die Vorlage und vergleiche dein Ergebnis mit deinem Nachbarn. Diskutiert die Unterschiede.

5-Shot-Prinzip

Thema: Eine Unterrichtsstunde in der Schule

Nr.	Bild	Aussageabsicht
1		Ein Lehrer begrüßt die Schüler in seiner Klasse.
2		Zwei Schüler holen ihre Schulsachen aus der Tasche und legen sie auf den Tisch.
3		Der Lehrer stellt eine Frage und nimmt einen Schüler dran.
4		Ein Schüler antwortet dem Lehrer.
5		Eine Schülerin schreibt etwas in ihr Heft.

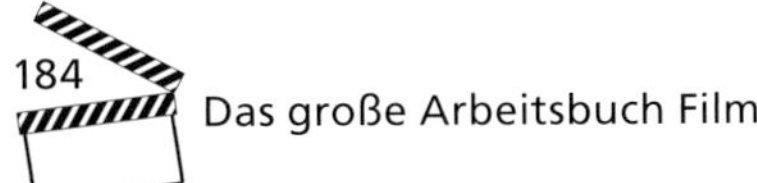

© Verlag an der Ruhr | Autorin: Ines Müller-Hansen | ISBN 978-3-8346-2513-7 | www.verlagruhr.de

Filmdreh

Motivsucher

Filmdreh

Checkliste Aufgabenverteilung Filmaufnahmen

Filmtitel: ....

Aufgabe/Tätigkeit	Namen
Regie	
Kamera	
Ton	
Kameraassistenz	
Regieassistenz (Script / Continuity)	
Tonassistenz	
Beleuchtung	
Aufnahmeleitung	
Requisite	
Maske/Kostüm	
Reporter	
Schauspieler	
(Set-)Fotografie	

Filmdreh

Checkliste Filmproduktion

Filmtitel: ....

Checkliste	OK
Akkus geladen + 2 Ersatzakkus	
Akkuladegerät + Verbindungskabel (Akkuladegerät – Steckdose)	
Netzgerät + 2 Verbindungskabel (Netzgerät – Kamera + Netzgerät – Steckdose)	
Stativ und Stativplatte (passend für die Kamera? Stativschrauben festgezogen?)	
Speicherkarte + Ersatzspeicherkarte (passend für die Kamera? Karte leer u./o. formatiert?)	
Testaufnahme Bild + Abspielen der Testaufnahme (Kontrolle der Helligkeit und der Farben)	
Bildschärfe kontrollieren (kann man das Bild scharf stellen; bleibt es beim Zoomen scharf?)	
Ist das Bild zu hell oder zu dunkel? (ND-Filter auf 0?; db-Wert auf 0 db?)	
Testaufnahme Ton + Abspielen der Testaufnahme (Kontrolle mit Kopfhörer)	
(Externes) Mikrofon + Mikrofonkabel (Verbindung zwischen Mikrofon und Kamera; passt der Stecker in die Eingangsbuchse der Kamera?)	
Windschutz für das Mikrofon	
Kopfhörer	
Weißabgleich oder Automatikfunktion (weißes Blatt für manuellen Weißabgleich dabei?)	
Regenschirm (für Außenaufnahmen)	

Filmdreh

Tipps für die Filmaufnahme

Bildgestaltung

- erst den Bildausschnitt festlegen, dann die Kamera einschalten
- Bildebenen einbeziehen (Vorder-, Mittel-, Hintergrund)
- Personen im „Goldenen Schnitt" positionieren
- Augenlinie beachten (auf der oberen Drittellinie positionieren)
- Kameraperspektive an Motiv anpassen („auf Augenhöhe")

Kamerabewegung

- Stativ benutzen (ruhigere Kameraführung möglich)
- Anfangs- und Endbild beim Schwenk ca. 4 Sekunden aufnehmen
- Schwenks sinnhaft einsetzen (nicht dauernd hin- und herschwenken)
- bei Handkamera eher größeren Bildausschnitt (Halbtotale, Amerikanische + eher weitwinklig filmen)
- wenig zoomen

Szenenauflösung und Einstellungslänge

- 5-Shot-Technik beachten (filmische Auflösung)
- Verkürzung von Handlungen durch Groß- und Nahaufnahmen
- Wechsel von Einstellungsgrößen, Kameraperspektiven und Kamerastandort
- keine minutenlangen Aufnahmen von Totalen/Halbtotalen
- am Anfang und Ende der Einstellung etwas mehr Material aufnehmen (nicht erst mit dem Beginn der Handlung einschalten und auch nicht am Ende sofort ausschalten)

Tonaufnahme

- von allen Drehorten ca. 2 Minuten durchgehende Atmotöne für den Schnitt aufnehmen (am Stück ohne Unterbrechung und Ausschalten der Kamera)
- wenn man den gesprochenen Ton verstehen soll (Interview, Dialog usw.), mit separatem Mikrofon aufnehmen – sonst nur Atmoaufnahme möglich
- Mikro so nah wie möglich an die Tonquelle
- Kontrolle des Tons während der Aufnahme mit einem Kopfhörer
- während des Drehs für Ruhe sorgen

Beleuchtung

- beim Filmen mit der Kamera möglichst mit dem Rücken zu Fenstern + Sonne (hellen Bildbereichen) stehen (Gegenlichtaufnahmen vermeiden, wenn man die Blende an der Kamera nicht verstellen kann und/oder Licht setzen kann)
- bei schlechten Lichtverhältnissen auf Videoaufnahme verzichten

Filmdreh

Checkliste: Aufgabenverteilung Postproduktion

Filmtitel: ....

Aufgabe/Tätigkeit	Namen
Schnitt	
Schnittassistenz	
Tonmischung	
Tonassistenz	
Sprecher	
Titelgestaltung	
Abspanngestaltung	
Musikrecherche	
Geräuscherecherche	
Kommentartext	
Effekte	
DVD- und Kopieerstellung	
Covergestaltung	

Filmdreh

Vorlage: Schnittprotokoll

Filmtitel: ....

Est.-Nr.	Timecode	Einst.-Größe	Bildinhalt	Anmerkung

Est.-Nr.: Einstellungsnummer

Seite: ....

© Verlag an der Ruhr | Autorin: Ines Müller-Hansen | ISBN 978-3-8346-2513-7 | www.verlagruhr.de

8 Filmproduktion — *Arbeitsblatt 10*

Filmdreh

Vorlage: Schnittplan

Filmtitel: ....

Est.-Nr.	Timecode	Bildinhalt	Ton (Dialog, Kommentar, Musik u. a.)

Est.-Nr.: Einstellungsnummer

Seite: ....

190 Das große Arbeitsbuch Film

© Verlag an der Ruhr | Autorin: Ines Müller-Hansen | ISBN 978-3-8346-2513-7 | www.verlagruhr.de

Medientipps

Literatur

Werner Faulstich:
Filmgeschichte.
Fink, 2005.
ISBN 978-3-8252-2638-1

Martin Herold, Birgit Landherr:
SOL. Selbstorganisiertes Lernen, Ein systemischer Ansatz für Unterricht. Neue Lernkultur. Neue Formen der Leistungsbeurteilung. Lernen in Lernfeldern.
In: Ministerium für Kultus, Jugend und Sport Baden-Württemberg (Hrsg.):
Stuttgart, 2003.
http://lehrerfortbildung-bw.de/unterricht/sol/08_download/sol.pdf

Werner Kamp:
AV-Mediengestaltung Grundwissen.
Europa-Lehrmittel, 2013.
ISBN 978-3-8085-3735-0

Peter Kerstan:
Der journalistische Film.
Jetzt aber richtig.
Zweitausendeins, 2000.
ISBN 978-3-86150-326-3

Dirk Manthey (Hrsg.):
Making of. Die Kunst des Filmemachens von A–Z.
Kino Verlag, 1996
ISBN 978-3-8932-4127-9

Dirk Manthey u. a. (Hrsg.):
Wie ein Film entsteht.
Kino Verlag, 1990.
ISBN 978-3-8932-4041-8

James Monaco:
Film verstehen.
Rowohlt, 2009.
ISBN 978-3-499-62538-1

Ines Müller:
Filmbildung in der Schule.
Kopaed, 2012.
ISBN 978-3-86736-286-3

Michael Ondaatje:
Die Kunst des Filmschnitts.
Gespräch mit Walter Murch.
Dtv, 2008.
ISBN 978-3-423-13690-7

Beatrice Ottersbach, Thomas Schadt (Hrsg.):
Drehbuchautoren-Bekenntnisse.
UVK, 2007.
ISBN 978-3-89669-649-6

Regiebekenntnisse.
UVK, 2006.
ISBN 978-3-89669-673-1

Kamerabekenntnisse.
UVK, 2008.
ISBN 978-3-86764-055-8

Gerhild Tieger, Georges Polti:
Lass laufen! Beats, Wendepunkte, Krisen & Konflikte.
Autorenhaus, 2004.
ISBN 978-3-932-90960-3

Filme

- **Amrumer Brut** (D 1999, R: Uli Blömker)
- **Armageddon** (USA 1998, R: Michael Bay)
- **Auf der anderen Seite** (D, TRK 2007, R: Fatih Akin)
- **Bis ans Ende der Welt** (D, F, AU 1991, R: Wim Wenders)
- **Die drei Räuber** (D 2007; R: Hayo Freitag)
- **Die Fälscher** (A, D 2007, R: Stefan Ruzowitzky)
- **Die Gefährder** (D 2009, R: Hans Weingartner)
- **Die innere Sicherheit** (D 2000, R: Christian Petzhold)
- **Die Welle** (D 2008, R: Dennis Gansel)
- **Ein Ticks anders** (D 2011, R: Andi Rogenhagen)
- **Emil und die Detektive** (D 2001, R: Franziska Buch)

Medientipps & Bildnachweise

- **Es geschah am hellichten Tag** (D, CH 1958, R: Ladislao Vajda)
- **Goethe!** (D 2010, R: Philipp Stölzl)
- **Hände weg von Mississippi** (D 2007, R: Detlev Buck)
- **Herr der Diebe** (D, LUX, GB 2005, R: Richard Claus)
- **Krabat** (D 2008, R: Marco Kreuzpaintner)
- **Krabat, Kino trifft Schule** (D 2008, Hrsg: Vision Kino, Mattias Film)
- **Leroy** (D 2006, R: Armin Völckers)
- **Momo** (D, UK 1986, R: Johannes Schaaf)
- **Nirgendwo in Afrika** (D 2001, R: Caroline Link)
- **Paris, Texas** (F, D 1984, R: Wim Wenders)
- **Stauffenberg** (D, A 2004, R: Jo Baier)
- **Taste the waste** (D, F, GB 2011, R: Valentin Thurn)
- **The pledge** (USA 2001, R: Sean Penn)
- **Tod im kalten Morgenlicht** (NL, D, GB 1994, R: Rudolf van den Berg)
- **Vincent will Meer** (D 2010, R: Ralf Huettner)
- **Vorstadtkrokodile** (D 2009, R: Christian Ditter)
- **Winterschläfer** (D 1997, R: Tom Tykwer)

Bildnachweise

Fotos

alle Fotolia.com

S. 12 © frenta
S. 21 © Kirsty Pargeter
S. 23 © Peter Atkins
S. 25 © Kittichai
S. 35 © ale_rizzo
S. 38 © SSilver
S. 39 © dule964
S. 41 © amadeusz
S. 58 © mpfphotography
S. 74 © Adam Tomasik
S. 86 © picsfive
S. 108 © nabihaali
S. 115 © Robbic
S. 125 © amadeusz
S. 134 © Andrey Kuzmin
S. 174 © Roman Milert
S. 177 © Peter Atkins

Filmstills

Amrumer Brut: S. 34, 99, 119, 178, © Ulrich Blömker;
Armageddon: S. 170 © Walt Disney Company;
Auf der anderen Seite: S. 107, 169 © Corazón International GmbH;
Bis ans Ende der Welt: S. 169 © Wim Wenders Stiftung;
Die Bücherdiebin: S. 46 © Twentieth Century Fox;
Die drei Räuber: S. 33 © X Filme Creative Pool GmbH;
Die Fälscher: S. 33, 37 © Magnolia Filmproduktion GmbH;
Die Gefährder: S. 67, 68, 168 © Herbstfilm Produktion GmbH;
Die innere Sicherheit: S. 59, 84, 91, 92 © Schramm Film;
Die Welle: S. 9, 16, 137 © 2008 Rat Pack Filmproduktion/B.A. Film/GFII/Constantin Film;
Ein Ticks anders: S. 20, 31, 77, 119 © Wüste Film GmbH;
Emil und die Detektive : 89, 90, 116, 160 © Constantin Film/Bavaria Film;
Es geschah am helllichten Tag: 103, 169 © ProSieben-Sat.1MediaAG;
Goethe!: S. 15, 75, 93, 94, 107, 141, 142 © Warner Bros. Entertainment;
Hände weg von Mississippi: S. 9, 10, 11, 14, 20, 31, 110, 116, 121, 137 © Boje Buck Produktion GmbH;
Krabat: S. 10, 15, 20, 31, 119 © Claussen+Wöbke+Putz Filmproduktion GmbH;
Leroy: S. 85, 97, 107, 109, 114 X Filme Creative Pool GmbH;
Michael Kohlhaas: S. 45 © polyband medien GmbH;
Nirgendwo in Afrika: S. 27, 31, 61, 62, 63, 155, 169 © Constantin Film;
Paris, Texas: S. 33, 137 © Wim Wenders Stiftung;
Stauffenberg: S. 31, 107, 119 © ARD;
Texas: S. 71 © Royal Filmproduktions GmbH;
The pledge: S. 103, 169 © Warner Bros. Entertainment;
Tod im kalten Morgenlicht: S. 103, 169 © Universal Pictures International Germany GmbH;
Vincent will Meer: S. 27, 31, 78, 80, 81, 94, 110, 114, 116, 137 © Constantin Film;
Vorstadtkrokodile: S. 82, 95, 96, 110, 155, 163, 164 © Rat Pack Filmproduktion/Westside Filmproduktion/Constantin Film;
Winterschläfer: S. 110 © X Filme Creative Pool GmbH;